Connais-tu ce gardien de but,
un des meilleurs d'Europe ?
p. 38

Remerciements
Les éditions Milan tiennent à remercier l'équipe du Jorkyball parisien,
160, chaussée Jules-César – 95130 Franconville,
pour ses photos et son aimable collaboration.

Merci également au club de Saint-Jean, à ses jeunes joueurs
et à son éducateur, M. Hervé Bachellerie.

Cet ouvrage a été réalisé par les éditions Milan
avec la collaboration de Delphine Boudou et Aurélien Verdun.
Mise en pages : Georges Rivière et Nina Clauzel
Relecture et correction : Marie-Lorène Giniès, Karine Forest,
Alexandra Dirand et Clémence Fenu

1, rond-point du Général-Eisenhower, 31101 Toulouse Cedex 9, France
editionsmilan.com

Dépôt légal : septembre 2019 • ISBN : 978-2-408-01452-0
Achevé d'imprimer au 4e trimestre 2022 en Roumanie par Rotolito
Plus d'informations sur la fabrication de nos livres :
editionsmilan.com/comment-fabriquons-nous-nos-livres

Certifié PEFC
Ce produit est issu de forêts gérées durablement et de sources contrôlées
PEFC
PEFC/46-31-13
www.pefc.ro

le guide des jeunes
FOOTBALLEURS

COPAIN du FOOT

Michel Deshors

Illustrations de Laurent Audouin,
Vincent Desplanche, Benjamin Flouw et Jean-Pierre Joblin

milan

Sommaire

À tes crampons !

edf
SPORT2000
SHARP
RENAULT

Marquer un but : une même ambition pour toutes les équipes du monde.

LA PLANÈTE FOOTBALL

C'est en Angleterre, à la fin du XIXe siècle, qu'est né un sport de « pied-ballon » qui allait peu à peu conquérir la planète et devenir, pour des millions de pratiquants, un objet de tous les cultes et de toutes les passions.

Des jeux de balle

La balle, objet de toutes les convoitises du footballeur, est ronde, en matière synthétique et assez docile. Ce ne fut pas toujours le cas. Depuis des siècles les hommes se sont essayés à la conquérir et la manier, puis à l'envoyer dans un but pour vaincre des adversaires aux mêmes ambitions.

Quand un vieux ballon de cuir rencontre son arrière-petit-fils sur la pelouse.

Boules de cuir

Si le football tel que tu le connais est né au XIXe siècle, les jeux de balle existent depuis plus de 4 000 ans. Les balles sont des vessies de porc ou de mouton, remplies de foin, de grain ou de paille, de chiffons noués, de boules de bois ou de cuir. Puis on passe à la vessie de porc remplie d'air et cousue, et enfin au ballon de cuir cousu.

Pas le pied !

La majorité des jeux de balle de l'Antiquité, du Moyen Âge et des siècles qui suivent se pratique avec les mains. Les pieds servent à se déplacer, leur association avec une balle ou un ballon dans un sport structuré est donc une invention récente : elle date de la fin du XIXe siècle.

Dans l'Antiquité

Ainsi, il y a plus de 2 000 ans, les Chinois pratiquent le ts'uh-kuh : on botte avec le pied une boule de cuir remplie de plumes et de cheveux et on l'envoie dans un petit filet. On trouve aussi trace de jeux de balle au pied dans l'Égypte ancienne, puis dans la Grèce et la Rome antiques. Les Hellènes jouent à l'aporrhaxis et au phenin de, les Romains s'adonnent au trigon, sorte de handball en triangle, ou à l'harpastum, un jeu de balle à la volée assez violent. On trouve même trace de jeu de balle dans *L'Odyssée* d'Homère.

La soule ou la suprématie des villages

Au Moyen Âge, pour porter haut les couleurs de leur village, les hommes se livrent à des parties acharnées de soule contre le village voisin. Il faut posséder une haute idée de l'honneur, un courage énorme, une bonne santé et une sacrée dose d'inconscience pour se lancer dans ses véritables batailles rangées à travers la campagne.

Tous les coups sont permis

Il s'agit de rapporter la balle, en réalité une vessie de porc remplie de foin ou de blé, ou une boule de bois ou encore une pelote d'étoffe, à un endroit donné d'un village, par exemple, le cimetière, le parvis de l'église, une place, une maison... Tous les coups sont permis pour récupérer et porter la balle vers le but. Les matchs peuvent durer plusieurs jours. À l'issue d'une partie de soule, on ramasse de nombreux blessés dans les champs, les bois ou même les ruisseaux et les étangs !

Interdiction royale

La soule, jugée coupable de troubles à l'ordre public, fut souvent interdite par des édits royaux sans beaucoup de résultats. En 1440, l'évêque de Tréguier, en Bretagne, menace d'excommunication tous les joueurs de soule. Ce sport est pourtant pratiqué, sous une forme moins dure, jusqu'à la fin du XIXe siècle dans cette région.

Jeux de mains, jeux de vilains

Match entre clubs anglais en 1883 : note la hauteur des buts !

Si, de nos jours, le football et le rugby ont leurs propres règles et s'ils se pratiquent avec un ballon très différent, ce ne fut pas toujours le cas.

Des inventeurs anglais

Un jeu de ballon se pratique dans les collèges anglais au début du XIXe siècle : il se joue avec les pieds et les mains sans règlement bien défini. Un jour de novembre 1823, un collégien de la ville de Rugby, William Webb Ellis, s'empare du ballon avec les mains, traverse tout le terrain et le porte dans les buts. Il vient de révolutionner le jeu et d'initier la création de 2 sports différents : le rugby qui permet l'utilisation des mains, et le dribbling game, le jeu au pied ancêtre du football.

Dribbling game et football

Le basketball (panier-ballon), le baseball (base-ballon), le volley-ball (filet-ballon), mots d'origine anglaise, ou encore le handball (main-ballon), mot d'origine allemande, sont des noms de sports collectifs qui associent un nom commun spécifique à un autre nom commun : ballon. C'est ainsi que le dribbling game est devenu le football. Par contre, l'invention de William Webb Ellis est le seul sport collectif qui porte un nom propre, celui d'une petite ville située à 150 km au nord-ouest de Londres : Rugby.

un ballon volumineux en 1886

Des règles initiales

C'est en 1848 que des représentants de collèges anglais, réunis à Cambridge, érigent les premières règles du football, mais c'est seulement une année plus tard que l'usage des mains est vraiment interdit. Il faut attendre 1863 pour voir apparaître la première règle du jeu comprenant 14 articles. Les dimensions du terrain ne sont toujours pas établies et aucune ligne ne vient les matérialiser. Peu à peu les lois du jeu s'affinent. La dernière règle édictée en 2000 est le temps de 6 secondes donné au gardien de but pour remettre en jeu le ballon.

Le code de bonne conduite

C'est en 1938 que sont présentées, par la FIFA, les 17 lois qui réglementent le déroulement des compétitions de football. Elles ont peu évolué depuis cette date.

11 titulaires

Le nombre de joueurs est arrêté à 11 en 1899, mais le remplacement de joueurs blessés n'est autorisé qu'en 1958. Le statut d'arbitre est reconnu en 1890, mais la tenue n'est réglementaire et distincte qu'à partir de 1919. Quant au gardien, jusqu'en 1913, il pouvait jouer avec les mains dans toute sa moitié de terrain ! La loi très importante sur le hors-jeu a connu 7 modifications de 1863 à 1990 ; le coup de pied de coin voit le jour en 1873 et le coup de pied de réparation en 1899.

Quels terrains !

Le football se pratique à ses débuts sur des terrains de dimensions variables, pouvant atteindre 182 m de long et 92 m de large ! La largeur des buts est plus réduite qu'aujourd'hui : 5,49 m, mais la hauteur, matérialisée par une ficelle, culmine à 5,50 m ! C'est en 1875 que la barre transversale apparaît à la hauteur toujours actuelle de 2,44 m, et en 1891 que les premiers filets sont accrochés aux poteaux. Les dimensions définitives du terrain sont fixées en 1899 et on abandonne en 1902 les rigoles qui délimitent la surface de jeu !

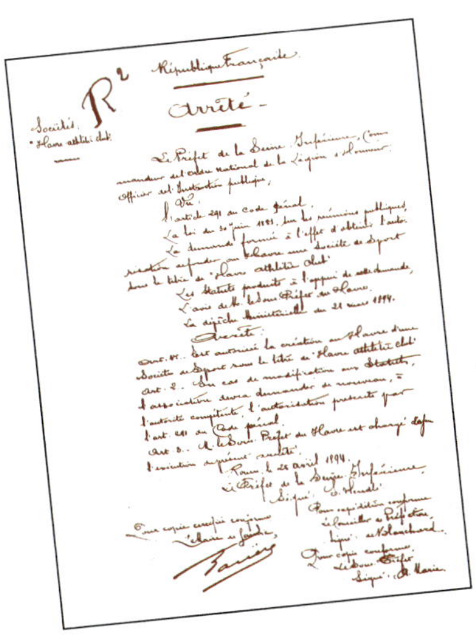

République Française

Arrêté

L'arrêté préfectoral qui entérine la création du Havre Athlétic Club et l'autorise à recevoir du public.

Premières compétitions

Le premier club créé est celui de Sheffield en Angleterre, en 1857. Comme les Anglais voyagent beaucoup, ils créent les premiers clubs en Europe continentale, puis en Amérique du Sud. Il n'est donc pas étonnant que le premier club français fondé en 1872 soit celui du Havre, un port situé juste de l'autre côté de la Manche. Le premier vrai championnat professionnel français organisé en 1933 sacre l'Olympique lillois.

le match Italie-France disputé en 1910 à Rome

Un ballon rond

Les premiers ballons du football moderne étaient constitués de lattes de cuir cousues à la main. Peu étanches, ils perdaient de la pression au cours de rencontres et comme ils étaient perméables, ils s'alourdissaient par temps de pluie. Les premiers ballons blancs sont apparus en 1951. Désormais, ils peuvent être de couleur et leur étanchéité leur permet de peser constamment le même poids.

200 millions de pratiquants

Le football est le sport le plus populaire et le plus pratiqué dans le monde. La fédération mondiale, la FIFA, compte 211 pays adhérents, soit plus que de nations affiliées à l'ONU !

Une longue pratique

Le football se pratique dans les clubs, les établissements scolaires, les entreprises et même dans les prisons. Universel et facteur de paix, il est un lien entre tous les peuples qui parlent un même langage, celui du ballon rond, sur tous les terrains du monde. Tu peux commencer le football dès l'âge de 6 ans et tu pourras pratiquer ton sport favori jusqu'à 60 ans si tu conserves une bonne hygiène de vie !

Boca Juniors contre Estudiantes : un grand classique sud-américain

le Cameroun contre la Côte d'Ivoire pour la suprématie africaine

Sur les 5 continents

Le football possède son propre gouvernement : la FIFA, la Fédération internationale de football association. Elle s'appuie sur 6 fédérations continentales qui gèrent les compétitions internationales sur leur territoire : l'UEFA en Europe, la CONCACAF en Amérique du Nord, Amérique centrale et Caraïbes, la CONMEBOL en Amérique du Sud, la CAF en Afrique, l'OFC en Océanie et l'AFC en Asie.

Un événement sportif et politique en Asie : la Corée du Sud reçoit la Chine en 2000.

L'UEFA (Union européenne de football association)

L'UEFA est née en 1954. Forte de 55 pays membres, de 244 000 clubs et de 18,5 millions de licenciés, elle est la plus importante des fédérations continentales. Elle organise le championnat d'Europe des nations ainsi que la Champions League et la Coupe de l'UEFA.

l'Angleterre et la Croatie, deux nations majeures du football européen

La FIFA (Fédération internationale de football association)

Fondée en 1904, la FIFA est l'instance technique et juridique qui dirige le football mondial. Son pouvoir s'étend sur l'ensemble du football par l'intermédiaire des fédérations continentales et nationales. C'est elle qui organise la Coupe du monde tous les 4 ans après avoir désigné le pays hôte. Elle gère aussi les autres compétitions mondiales, chez les jeunes et les féminines.

Un sport tout terrain

Sport de plein air par excellence, le foot se pratique sur tous les terrains, toutes les surfaces et par tous les temps. Chaque minute, dans le monde, des dizaines de matchs débutent et se terminent. Chaque seconde, des dizaines de ballons font trembler des filets !

la pelouse comme un tapis de jeu

Pelouse et sable

La surface officielle de jeu pour le football est la pelouse, mais tous les clubs n'en possèdent pas et bien des compétitions se déroulent sur des terrains stabilisés. Cela peut être du sable tassé, du ciment, du bois, de la latérite (la terre rouge d'Afrique) et même le sable des plages.

Pas toujours confortable le foot sur terrain stabilisé !

gants chauds, longs crampons vissés et ballon orange pour le foot sur neige

Neige et ballon de couleur

Sur les terrains enneigés, les lignes de jeu sont tracées à la chaux de couleur et le ballon est orange ! En Scandinavie ou en Russie, il faut attendre l'été pour disputer les championnats. Ainsi la Norvège désigne son champion en octobre quand le championnat français en est à sa dixième journée. Cette contrainte climatique complique la tâche des clubs qualifiés en Coupe d'Europe puisqu'ils doivent jouer... pendant leurs vacances.

Latérite et baobabs

En dépit des conflits qui l'agitent et des soubresauts de son émancipation, l'Afrique est une terre de football qui voue une véritable passion au ballon rond. Dans les grandes métropoles comme Dakar, Lomé, Accra, Lagos, Abidjan ou Casablanca, des dizaines d'enfants s'adonnent au football. Pieds nus, en baskets ou en crampons, ces jeunes Africains jonglent, dribblent et tirent en vrais petits magiciens du ballon.

Pieds nus dans les cailloux : quand la passion l'emporte sur le confort.

Le miroir aux alouettes

La télévision abolit les frontières et, devant leurs écrans, les enfants africains admirent les exploits de leurs aînés à Arsenal, Marseille, Madrid ou Milan. Pour eux, le rêve absolu est de les imiter et de vivre une expatriation dans une grande nation de football, quitte à sacrifier l'école ou leur famille. Mais attention, le football professionnel est un univers impitoyable où les appelés sont nombreux et les élus rares. Si tu es l'un de ces talentueux gamins d'Afrique, garde ton ambition, apprends la rigueur et ne quitte pas l'école.

En terre africaine

Pour la première fois de l'histoire du football, un pays africain a été désigné pour accueillir une phase finale de Coupe du monde : l'Afrique du Sud en 2010.

Champion olympique !

Si les championnats de chaque pays sont privés des meilleurs joueurs partis en Europe ou même au Moyen-Orient, les équipes nationales africaines sont désormais au niveau de leurs concurrentes mondiales. C'est ainsi qu'aux Jeux d'Atlanta, en 1996, le Nigéria est devenu la première nation africaine à remporter un titre majeur, celui de champion olympique.

le Nigéria, premier champion olympique africain à Atlanta

Sans frontières

Il n'existe plus de frontières dans le monde du football professionnel. Les joueurs sont des nomades, des footballeurs itinérants qui traversent les mers, les océans et les montagnes pour exprimer leur talent en dehors de leur pays d'origine.

Des joueurs mercenaires

Le football est un spectacle mais aussi un marché. Certains clubs sont dirigés par des hommes d'affaires à la recherche d'investissements rentables. Les joueurs deviennent des valeurs marchandes, les meilleurs sont achetés par les clubs les plus riches. Très sollicités, ils n'hésitent pas à changer de club fréquemment au gré des offres, parfois au risque de jouer moins souvent.

André Ayew ou la belle réussite d'un Ghanéen à Marseille, 20 ans après son père

Club étranger ?

Lors de la finale de la Coupe du Roi 2004, en Belgique, l'équipe de Beveren qui affronte Anderlecht se présente sur le terrain avec 11 Ivoiriens, tous issus de la fameuse académie du football d'Abidjan.

Un grand voyageur

Le joueur français Nicolas Anelka a connu 8 clubs en 11 saisons : PSG (France), Arsenal (Angleterre), Real Madrid (Espagne), PSG (2e fois), Liverpool (Angleterre), Manchester City (Angleterre), Fenerbahçe (Turquie), Bolton (Angleterre), Chelsea (Angleterre), Shanghai Shenhua (Chine), Juventus Turin (Italie).

De toutes nationalités

En 1995, un joueur belge nommé Bosman se voit refuser une mutation vers le club français de Dunkerque parce que ce dernier possède déjà son quota d'étrangers. Il saisit la justice européenne, qui lui donne raison : les footballeurs sont des travailleurs libres de circuler dans l'Union européenne. Depuis, d'autres décisions de justice ont permis à plusieurs joueurs de ne pas être considérés comme des étrangers. C'est ainsi qu'une équipe anglaise peut présenter en toute légalité 3 Français, 2 Danois, 2 Sénégalais, 1 Chinois, 2 Irlandais et 1 Italien au début d'une rencontre. C'est la mondialisation du football !

le Real Madrid multiple champion d'Europe

Le rôle des agents

Chaque joueur professionnel est lié à un agent. Chargé de gérer au mieux sa carrière, il doit lui trouver un club qui lui offrira un meilleur avenir et une rémunération supérieure. Lors de chaque transfert, le joueur et son agent touchent une prime substantielle. Comme il existe 2 périodes de transferts, la première à la fin de la saison et la seconde lors de la trêve hivernale, les occasions de gagner beaucoup d'argent sont très tentantes pour certains, au mépris de l'éthique du football.

MBappe arrive au PSG

Au bonheur des clubs riches

Depuis plusieurs années, on assiste à une concentration des meilleurs joueurs dans les clubs les plus riches de la planète, en Angleterre, en Italie et en Espagne, mais aussi en France, en Allemagne, en Écosse, en Ukraine ou en Russie. La libre circulation des footballeurs et les salaires offerts provoquent la disparition de certains clubs, moins riches, dans la course aux titres nationaux et internationaux. Ce sont désormais presque toujours les mêmes qui accèdent aux cercles fermés des quarts de finale des coupes européennes ou au titre de champion de leur pays.

Un contrat flexible

Rares sont les bons joueurs qui vont au bout de leur contrat, soit parce qu'ils ont l'ambition de rejoindre un club prestigieux, soit parce que leur club veut réaliser une bonne affaire en les vendant à un bon prix, récupérant au passage une importante plus-value. Le plus souvent, les intérêts du club et du joueur sont préservés. Toutefois, si un conflit s'installe, il doit être arbitré par les autorités du football.

la Norvégienne Ada Hegerberg, premier ballon d'or féminin en 2018

Et les filles ?

Elles ont fini par imposer aux hommes et à la société leur droit de pratiquer le football. Elles excellent dans ce sport qui exige une bonne technique et une science tactique développée.

Un long chemin

Comme les hommes, les femmes ont commencé à jouer au football à la fin du XIXe siècle. Pourtant, la société masculine trouvait cela « anormal » et il a fallu attendre presque 1 siècle pour que les premières compétitions féminines voient le jour en Europe et dans le monde. Désormais, le football féminin organise ses propres championnats, se découvre de grandes joueuses et passionne un public toujours plus nombreux.

Reines du soccer

On compte 20 millions de joueuses licenciées dans le monde. Curieusement, ce sont les États-Unis qui dominent le football mondial féminin alors que le « soccer » masculin n'a jamais réussi à s'imposer dans ce grand pays où foot américain, baseball et basketball règnent en maîtres. Les pays scandinaves ont aussi un football féminin très développé. Il attire les sponsors en nombre et remplit les stades.

Un football adapté

Le football féminin s'est adapté à la morphologie de ses pratiquantes. Moins physiques et moins rapides que les hommes, les femmes pratiquent un jeu plus aéré où la technique est primordiale et les espaces nombreux.

Foot mixte à 7

Chez les plus jeunes et dans les catégories des 13 ans ou des 16 ans, le foot féminin se pratique à 7, sur un demi-terrain. Chez les poussins ou benjamins, les filles jouent aussi avec les garçons.

le Japon contre les États-Unis en finale de la Coupe du Monde 2011

Le championnat d'Europe

Depuis 1997, il se dispute tous les 4 ans et réunit les 12 équipes qualifiées parmi 45 pays participants. L'Allemagne a trusté jusqu'à présent 6 titres sur les 9 championnats organisés. Les Norvégiennes et les Suédoises sont les seules à avoir contesté la domination des Allemandes.

Palmarès du championnat d'Europe

1987	Norvège
1989	Allemagne
1991	Allemagne
1993	Norvège
1995	Allemagne
1997	Allemagne
2001	Allemagne
2005	Allemagne
2009	Allemagne
2013	Allemagne
2017	Pays-Bas

duel musclé au cours de Lyon-Brescia, lors de la Ligue des champions 2014

l'Allemagne, championne olympique 2016

La France en rattrapage

Longtemps la France n'a pas développé son football féminin, contrairement à l'Allemagne, aux pays nordiques ou aux États-Unis. Désormais le football féminin français s'installe peu à peu dans le concert des grandes nations, avec une place en demi-finale lors de la dernière Coupe du monde et des clubs très ambitieux comme l'Olympique lyonnais et le Paris Saint-Germain.

Les meilleures d'Europe

Les féminines de l'Olympique Lyonnais dominent le football européen. Non seulement elles ont décroché 13 titres consécutifs de Championnes de France de 2007 à 2019, mais elles obtiennent également 6 titres de Championnes d'Europe en 2011, 2012, 2016, 2017, 2018 et 2019 : un palmarès à rendre jaloux bien des clubs masculins.

Palmarès de la Ligue des Champions féminine

2014	Wfl Wolfsbourg
2015	FFC Frankfort
2016	Olympique Lyonnais
2017	Olympique Lyonnais
2018	Olympique Lyonnais
2019	Olympique Lyonnais

cérémonie d'ouverture des JO de Pékin en 2008

Les Jeux olympiques

Depuis 1908, date de son entrée officielle aux Jeux olympiques, le football est devenu l'une des disciplines majeures de ce rendez-vous mondial sportif.

Tous les 4 ans

Les Jeux olympiques se déroulent tous les 4 ans. Seules les nations qualifiées au terme de 2 ans d'éliminatoires participent au tournoi olympique, qui abrite désormais 16 équipes chez les hommes et 12 équipes chez les femmes. Le titre olympique est un titre suprême qui attise la convoitise des footballeurs du monde entier, y compris des stars réputées fières d'intégrer la sélection olympique de leur nation. En effet, désormais 3 joueurs confirmés de plus de 23 ans peuvent venir renforcer l'équipe des espoirs (moins de 23 ans) habilités à participer au tournoi olympique.

Neymar, champion olympique avec le Brésil

Amateurs et professionnels

Très longtemps réservé aux seuls amateurs, le tournoi olympique de football accepte désormais des joueurs professionnels. Précédemment, l'amateurisme favorisait les nations de l'Europe du Nord ou de l'Europe de l'Est dont les joueurs (employés d'État, militaires ou fonctionnaires...) ne percevaient pas de salaire pour jouer au football et n'étaient pas considérés comme professionnels. Désormais, tous les pays ou presque rémunèrent leurs joueurs et le tournoi olympique s'avère beaucoup plus ouvert.

Des médailles... mais pas en foot

Avec 100 médailles (51 en or, 21 en argent et 28 en bronze), la Chine a dominé « ses » Jeux olympiques en 2008. Mais pas en football... Chez les hommes, non seulement la Chine, mais aucune nation asiatique, n'a pu atteindre les quarts de finale. Chez les femmes, la Chine s'est inclinée en quart de finale contre le Japon lui-même éliminé en demi-finale par les États-Unis, futurs champions.

Afrique et Amérique

Le Nigéria en 1996 et le Cameroun en 2000 ont donné à l'Afrique du football ses deux premiers titres planétaires, en remportant les Jeux olympiques après avoir éliminé les grandes nations européennes ou sud-américaines. Les 3 compétions suivantes ont vu l'Argentine, par deux fois, puis le Mexique devenir les rois des Jeux olympiques.

le Nigéria, première nation africaine championne olympique en 1996

le Mexique, champion olympique face au Brésil, à Londres en 2012

Les filles aussi

Pour la première fois de son histoire, lors des Jeux olympiques d'Atlanta en 1996, le foot féminin est inscrit parmi les compétitions. La victoire des États-Unis, à domicile, dans un stade comble rempli de 80 000 spectateurs, sera suivie de 3 autres en 2004, 2008, et 2012.

Palmarès

	Hommes	Femmes
2016	Brésil	Allemagne
2012	Mexique	États-Unis
2008	Argentine	États-Unis
2004	Argentine	États-Unis
2000	Cameroun	Norvège
1996	Nigéria	États-Unis
1992	Espagne	
1988	URSS	

Le sport, vecteur de fraternité

Le sport, et plus encore le football qui compte des millions de pratiquants et de passionnés, est un fantastique vecteur de fraternité entre les continents, les pays et les peuples. Rien ne doit le détourner de cette vocation.

Ils n'habitent pas le même continent, ne parlent pas la même langue mais pratiquent le même jeu et fraternisent à la fin du match.

Sans distinction de couleur ni de religion

Dans ton équipe de club, tu côtoies sûrement des copains de couleur et de religion qui sont différentes des tiennes. Refuses-tu de faire une passe à un partenaire parce que tu es chrétien et qu'il est musulman ? Bien sûr que non ! Refuses-tu de rencontrer une équipe comptant des joueurs qui n'ont pas la même couleur de peau que la tienne ? Bien sûr que non ! Pourtant, certains supporters se permettent d'insulter et de conspuer un joueur pour ces raisons-là. C'est hélas une triste réalité !

Stand Up Speak Up

Dans certains pays, les joueurs de couleur sont victimes d'insultes racistes. L'équipe de France en déplacement en Espagne a été accueillie par des cris et des grimaces de singes ! Dans ce même pays, le Camerounais Samuel Eto'o a été prié par un entraîneur de « remonter dans son arbre » ! Las de recevoir des quolibets racistes, les joueurs ont réagi en créant sous l'impulsion de Thierry Henry un mouvement contre le racisme dans les stades : « Stand Up Speak Up » (Lève-toi et parle !). Ne laisse jamais le racisme s'installer dans le sport !

La banderole contre le racisme est installée sur le stade de Lens.

Aimer son maillot

Ce n'est pas parce que tu portes l'écharpe, le maillot et la casquette de ton club favori, ce n'est pas non plus parce que tu te retrouves au milieu de supporters excités que tu peux te permettre de proférer des insultes ou de te livrer à des gestes obscènes ! Aimer son maillot, c'est le porter avec dignité : c'est encourager son équipe pendant un match, s'enthousiasmer quand elle joue bien et la supporter quand elle est en difficulté. C'est aussi respecter ses adversaires.

les supporteurs de Strasbourg, vainqueur de la Coupe de la Ligue

Chantons dans le bus

Si tu veux, tu peux adhérer à un club de supporters sérieux. Tu pourras ainsi profiter de nombreux avantages et vivre le football en toute sécurité au milieu de passionnés comme toi. Outre des tarifs préférentiels pour les places de stade ou des produits dérivés, tu participeras à des rencontres avec les joueurs ou avec l'entraîneur, et tu pourras aussi, pendant les vacances, effectuer des déplacements dans les cars de ton club de supporters, ambiance et chants garantis à l'aller comme au retour. Il existe même des rencontres avec des supporters du club adverse.

Le match est terminé. Les supporters rejoignent le bus.

selfie pour Paul Pogba et ses fans à Clairefontaine

Le respect

Joues-tu à la perfection à chaque match ? Ne t'arrive-t-il pas de rater un match ? Si, bien sûr. Alors pense que cela peut aussi arriver aux professionnels. Respecte donc leurs contre-performances. Et si tu vas assister à leurs entraînements, ne profite pas de la promiscuité pour manifester ta colère.

Bêtise sans frontières

Méchant et stupide, l'hooliganisme est hélas international. Pas un pays n'échappe aux débordements de fanatiques qui sèment la pagaille ou la terreur dans les tribunes, dans les villes ou même sur les aires d'autoroute.

Respecter les joueurs

Tu les aimes, tu les admires, tu les envies, tu voudrais être à leur place, alors respecte-les ! Ils ne réussissent pas toujours des matchs parfaits, ils marquent même contre leur camp. Est-ce pour cela qu'il faut les insulter ou les agresser lorsqu'ils arrivent au centre d'entraînement ? Sûrement pas !

Respecter les arbitres

Si tu t'essaies à l'arbitrage, tu vas vite constater combien c'est difficile. Quand tu regardes une finale de coupe, par exemple, essaie de te mettre à la place de l'arbitre : dans les tribunes 40 000 personnes passionnées, sur le terrain 22 joueurs déterminés, derrière leurs téléviseurs des millions de téléspectateurs et à l'issue du match, un titre tant convoité. La pression sur l'arbitre est énorme et son jugement doit être parfait et juste ! Il peut se tromper. Comme tout être humain, il n'est pas infaillible. Est-ce pour cela qu'il faut l'insulter et le menacer ?

Tricher pour gagner ?

« Une démarche délibérée visant à améliorer artificiellement son potentiel physique. » Sais-tu ce que désigne cette définition ? C'est tout simplement le dopage, un fléau qui gangrène déjà d'autres sports et qui doit être banni du football. Seules les qualités acquises à la naissance, ainsi que par le travail et l'entraînement, doivent accompagner ta carrière. Disputer 60 matchs par saison est une épreuve redoutable pour l'organisme du footballeur, mais rien ne justifie le dopage qui nuit à la santé et met la vie en danger !

Dépister les tricheurs

Le contrôle antidopage existe dans le football professionnel. À la fin de chaque match, des joueurs sont tirés au sort et doivent se soumettre à un prélèvement d'urine.

Prends ton stylo

La chasse aux autographes : voilà une distraction saine et parfois pleine d'imprévus.

Place-toi aux endroits stratégiques (sortie des joueurs) après l'entraînement ou un soir de match. Arme-toi de patience et d'un bon stylo. Et surtout, adresse à tes préférés ton plus beau sourire.

Des événements tragiques

Personne ne pourra oublier non plus le drame du Heysel, à Bruxelles, lors de la finale de la coupe d'Europe 1985 opposant la Juventus de Turin au FC Liverpool : les hooligans anglais déclenchent une énorme bousculade qui étouffe et écrase 39 supporters italiens, bloqués contre les grillages. En Amérique du Sud, pas un dimanche ne passe sans qu'un débordement, parfois meurtrier, n'accompagne le football.

Respecter les installations

Les sièges qui garnissent les tribunes, les vitres ou les grillages séparant les enceintes du stade, à qui appartiennent-ils ? Aux supporters ? Non, au club ou à la ville. Alors, qu'est-ce qui autorise certains à tout casser dans un stade ? Rien, mis à part la bêtise ! Comment réagiraient-ils si l'on venait faire la même chose dans leur maison ou leur appartement ?

les tribunes du Parc des Princes dévastées lors d'un match entre le Bayern Munich et l'équipe anglaise de Leeds, le 28 mai 1975

HENRY
14
10
11

Vainqueur de la Ligue des Champions,
le FC Barcelone est au sommet de l'Europe.

EN EUROPE

Le football est né en Europe et c'est sur ce continent qu'accourent les plus grands joueurs du monde pour disputer les plus belles compétitions nationales et internationales.

La Premier League

une ferveur exceptionnelle et un soutien sans faille des supporters anglais pour leur club fétiche

Inventeurs du football, les Anglais possèdent le plus extraordinaire championnat du monde. Chaque journée déplace des foules considérables pour des matchs très spectaculaires.

Une véritable religion

Les amateurs de football anglais sont avant tout des supporters d'un seul club. Ils y sont abonnés, en portent les couleurs et ne cessent d'encourager leur équipe durant toutes les rencontres. Et comme de nombreuses grandes villes anglaises possèdent plusieurs clubs en Premier League, les derbys sont nombreux et les rivalités exacerbées.

Londres, capitale du foot

Chaque saison, la Premier League compte au moins 6 clubs de Londres et sa banlieue en 2019 : Arsenal, Chelsea, Fulham, Tottenham, West Ham et Crystal Palace. Les 2 grandes villes du nord de l'Angleterre, Manchester et Liverpool, comptent chacune 2 clubs rivaux : Manchester United et Manchester City, Liverpool FC et Everton. Les clubs anglais possèdent des moyens considérables. Ainsi, il leur est facile d'attirer les meilleurs joueurs et les meilleurs entraîneurs de la planète et de leur offrir des salaires très élevés.

L'Emirate Stadium

Le stade futuriste d'Arsenal est une extraordinaire enceinte pouvant accueillir 60 000 spectateurs dans un grand confort aussi bien dans les tribunes populaires que dans les loges dont l'abonnement annuel peut atteindre 40 000 euros !

Des clubs exportables

Le championnat anglais est le plus suivi dans le monde. Les chaînes de télévision asiatique, notamment, retransmettent tous les matchs de la Premier League. C'est pour cela que les grands clubs britanniques font une tournée très lucrative au Japon, en Malaisie ou même en Chine où les joueurs de ces clubs sont de véritables idoles.

Le frère écossais

L'Écosse, qui se trouve au nord-ouest du Royaume-Uni, possède également un championnat de football de haut niveau : la Scottisch Premier League. Si celle-ci compte 12 clubs, le titre se dispute chaque année entre les 2 clubs rivaux de Glasgow : le Celtic et les Rangers. Le premier a conquis depuis 1891 52 titres et le second 42 titres, des records absolus sur la planète football !

Les grands clubs anglais

Arsenal FC

- 2 Coupes d'Europe : 1 des vainqueurs de Coupe et 1 de l'UEFA (Europa League)
- 13 titres de Champion d'Angleterre
- 13 Coupes d'Angleterre
- 2 Coupes de la League

Chelsea FC

- 1 titre de Champion d'Europe
- 1 Liga Europa
- 1 Coupe de l'UEFA
- 6 titres de Champion d'Angleterre
- 8 Coupes d'Angleterre
- 5 Coupes de la League

Celtic contre Rangers : l'éternelle rivalité des 2 grands clubs écossais

Les autres grands clubs anglais

Manchester United

- 3 titres de Champion d'Europe
- 1 Liga Europa
- 20 titres de Champion d'Angleterre
- 12 Coupes d'Angleterre
- 5 Coupes de la League

Liverpool FC

- 5 titres de Champion d'Europe
- 1 Coupe de l'UEFA
- 18 titres de Champion d'Angleterre
- 7 Coupes d'Angleterre
- 8 Coupes de la League

Le Calcio

le Turinois Alessandro Del Piero, joueur emblématique de la « Juve » et du Calcio

L'Italie a toujours fait partie des meilleures nations du football. Son équipe nationale, ses grands clubs et ses stars font rêver tous les joueurs et tous les amateurs de ballon rond.

Une compétition redoutable

Le Calcio est sûrement l'un des plus difficiles championnats du monde. Longtemps basé sur des défenses ultrarenforcées, il en a gardé la rigueur laissant peu d'espaces aux attaquants. Ces derniers, pour surclasser leurs adversaires, développent donc des qualités exceptionnelles. Les matchs sont, chaque semaine, d'autant plus spectaculaires qu'ils opposent les meilleurs défenseurs aux meilleurs attaquants.

Rossoneri et *Nerazzurri*

Les supporteurs de l'AC Milan (les *Rossoneri*, en rouge et noir) et ceux de l'Inter Milan (les *Nerazzurri*, en noir et bleu) sont totalement voués au club de leur cœur. Et comme les 2 clubs milanais partagent le même stade, une fois par an, les abonnés se rendent chez leur adversaire dans leur propre stade, pas à leurs places habituelles mais dans la tribune réservée aux visiteurs !

une lutte sans merci pour la suprématie milanaise

Les grands clubs italiens

Juventus de Turin
- 2 titres de Champion d'Europe
- 4 Coupes d'Europe de l'UEFA
- 35 titres de Champion d'Italie
- 13 Coupes d'Italie

AC Milan
- 7 titres de Champion d'Europe
- 2 Coupes d'Europe des vainqueurs de coupe
- 18 titres de Champion d'Italie
- 8 Coupes d'Italie

Inter Milan
- 3 titres de Champion d'Europe
- 3 Coupes d'Europe de l'UEFA (Europa League)
- 18 titres de Champion d'Italie
- 7 Coupes d'Italie

Stade Giuseppe Meazza

Le grand stade de Milan est aussi appelé San Siro, nom du faubourg où il a été construit. Tout d'abord antre du AC Milan, il accueille en 1948 son grand rival : l'Inter Milan. Giuseppe Meazza a été un immense joueur dans les années 1930. Il a gagné 2 titres de champion du monde et surtout a joué pour les 2 équipes milanaises. Les derbys entre le AC Milan et l'Inter sont chaque année de grands événements pour « son » stade.

Giuseppe Meazza : un stade de légende partagé par 2 clubs rivaux.

Mario Balotelli

Né le 12 août 1990 (Italie) Attaquant

De nationalité italienne à la suite de son adoption par un couple d'Italiens alors qu'il avait été abandonné par ses parents à la naissance, il est l'un des rares internationaux noirs de la Squadra azzurra. Imprévisible, fantasque, athlétique et puissant, Mario est un buteur redoutable. Après un passage en Angleterre, il est revenu en Italie au Milan AC, puis en France à l'OGC Nice et l'Olympique de Marseille.

Le club des trois

Même si les clubs de Rome, de Gênes, de Bologne ou de Turin comptent quelques titres à leur palmarès, le Calcio est, depuis sa création, dominé par les clubs du Nord : la Juventus de Turin avec 35 titres, l'Inter Milan et le AC Milan avec 18 titres chacun.

La Liga est un championnat où le beau jeu est toujours mis en évidence.

La Liga

En Espagne, où le football est une véritable religion, le championnat connaît, depuis sa création, une outrageante domination des 2 clubs phare : le Real Madrid et le FC Barcelone. Derrière eux, la lutte fait rage pour les places d'honneur.

Spectacle et passion

Moins structuré défensivement que dans d'autres pays, comme l'Italie ou l'Allemagne, le football espagnol a toujours favorisé le jeu rapide, alerte et très technique. Comptant 18 clubs, la Liga (appelée aussi Primera División) offre chaque dimanche un spectacle de qualité suivi par des stades presque toujours complets et exubérants.

Les *socios*

La vraie richesse des clubs espagnols est constituée par ses *socios*. Pour des clubs historiques comme le FC Barcelone (165 000), l'Athletic de Madrid (98 000) et l'Athletic Bilbao (35 000), les *socios* ont un rôle prépondérant. Après avoir acquitté d'un droit d'entrée, chacun paie un abonnement annuel. En partie propriétaire du club, il participe à l'élection de son président et a un pouvoir décisionnel sur des sujets peu importants de la gestion quotidienne. Pour les autres clubs de la Liga, les *socios* sont des abonnés comme les autres en Europe.

Leo Messi, le fantastique argentin de Barcelone

à la conquête d'un ballon et d'une suprématie

Les frères ennemis

En même temps qu'une rivalité sportive, c'est une rivalité politique qui oppose les 2 clubs stars espagnols : le Real Madrid, club de la capitale espagnole, et le FC Barcelone, club de la capitale de la Catalogne, une des régions les plus puissantes du pays. Les 2 matchs qui les opposent chaque année sont les sommets de la Liga. Ces jours-là, la passion est à son comble et les incidents ne sont pas rares tant certains supporters manifestent leur hostilité à l'égard du club adverse.

Le Camp Nou

Le stade du FC Barcelone est l'un des monuments les plus visités d'Espagne. Ses 3 niveaux de tribune descendent vertigineusement vers le terrain, qui lui-même se trouve plus bas que le sol. Les spectateurs sont ainsi plus près du terrain. Cet énorme stade peut accueillir plus de 98 000 spectateurs, abrite des salles multisports, des bureaux, des boutiques et même une chapelle. Il est le seul grand stade à pouvoir se vider de ses spectateurs en 5 minutes par ses 107 portes !

le Camp Nou, un stade de légende voué au football

Les grands clubs espagnols

FC Barcelone

- 5 titres de Champion d'Europe
- 9 Coupes d'Europe dont 4 Coupes des vainqueurs de coupe et 5 Coupes de l'UEFA (Europa League)
- 26 titres de Champion d'Espagne
- 30 Coupes d'Espagne

Real Madrid

- 13 titres de Champion d'Europe
- 2 Coupes d'Europe de l'UEFA (Europa League)
- 33 titres de Champion d'Espagne
- 19 Coupes d'Espagne

La Bundesliga

L'Allemagne possède l'un des meilleurs footballs du monde tant par son équipe nationale, la Mandschaft, que par son championnat des clubs, la Bundesliga.

match au sommet chaque saison en Bundesliga entre le Borussia Dortmund et le Bayern Munich

Des clubs efficaces

Très rigoureuse et très disputée, la Bundesliga est une compétition de haut niveau où les 18 clubs qui la composent sont remarquablement structurés et organisés. Moins riches que les clubs anglais, italiens ou espagnols, les clubs allemands recrutent beaucoup moins de joueurs à l'étranger. Pourtant, le championnat est de très grande qualité et derrière leur leader incontestable, le Bayern Munich (29 titres de champion d'Allemagne), les clubs qualifiés pour les compétions européennes y sont très performants.

Les grands clubs allemands

Bayern Munich

- 5 titres de Champion d'Europe
- 2 Coupes d'Europe dont 1 des vainqueurs de coupe et 1 de l'UEFA (Europa League)
- 29 titres de Champion d'Allemagne
- 18 Coupes d'Allemagne
- 6 Coupes de la ligue

Borussia Dortmund

- 1 titre de Champion d'Europe
- 1 Coupe d'Europe des vainqueurs de coupe
- 8 titres de Champion d'Allemagne
- 4 Coupes d'Allemagne

Franck Ribéry

Né le 1er avril 1983 (France)
Milieu de terrain

Après un long apprentissage, Franck Ribéry a démontré l'étendue de son talent au sein de l'Olympique de Marseille au cours de la saison 2006-2007. Doté d'une bonne technique, il est aussi un travailleur infatigable et un buteur très redouté. Il a rejoint le Bayern Munich en 2007 et l'a quitté en héros en 2019, remportant au total 9 titres de champion d'Allemagne.

L'Allemagne réunifiée

Depuis la Seconde Guerre mondiale, l'Allemagne, telle que tu la connais, était divisée en 2 pays distincts, l'Allemagne de l'Ouest et l'Allemagne de l'Est. En 1989, après la chute du mur de Berlin, l'Allemagne a été réunifiée et c'est seulement lors de la saison 1991-1992 que les clubs de l'ex-Allemagne de l'Est ont intégré la Bundesliga.

âpre duel entre Amine Arit de Schalke (en blanc) et Wili Orban de Leipzig (en bleu), une ville de l'ancienne Allemagne de l'Est

L'Allianz Arena

Construit pour la Coupe du monde 2006, ce magnifique stade de Munich peut accueillir 69 000 spectateurs. La façade, très originale, est constituée de 2 874 coussins d'air maintenus sous pression. Les Allemands l'ont surnommé « le canot pneumatique » en raison de sa forme architecturale.

Le club de Wolfsburg, champion d'Allemagne, a dominé le Bayern Munich durant la saison 2008-2009.

Le Petit Poucet a dompté les géants

La petite ville de Wolfsburg (127 000 habitants), située dans le nord de l'Allemagne, a réussi l'exploit de remporter le titre national en 2009. Il a devancé les plus grands clubs de la Bundesliga situés dans les plus grandes agglomérations du pays : Munich (2,7 millions d'habitants), Hambourg (3,5 millions), Berlin (4,5 millions) ou encore Stuttgart (5 millions). Tu dois toutefois savoir que le club de Wolfsburg appartient à Volkswagen, l'une des plus importantes firmes automobiles du monde, et aussi que Wolfsburg signifie en français le « village des loups ». Voilà de bonnes raisons pour devenir champion d'Allemagne !

La Ligue 1

Championnat très disputé et rassemblant de plus en plus de spectateurs, la Ligue 1 française souffre, malgré tout, d'un manque de moyens financiers qui la prive des plus grands joueurs internationaux.

Saint-Étienne, la première épopée d'un club français

Hugo Lloris

Né en 1986 (France) Gardien de but

Doté d'un flegme de tous les instants, Hugo est devenu l'un des meilleurs gardiens d'Europe. Bon sur sa ligne et dans ses sorties, excellent dans la lecture du jeu, il s'est imposé à Nice, à Lyon, à Tottenham et en équipe de France, où il constitue un dernier rempart de grande confiance.

Un championnat très disputé

Composé de 20 clubs, le championnat français de Ligue 1 est long, rigoureux et difficile. Il désigne toujours un champion incontesté qui a surclassé ses adversaires à l'issue des 38 journées. Les clubs qui ont dominé au cours des dernières décennies ont été Saint-Étienne avec 10 titres, Paris SG et Marseille avec 9 titres, Nantes avec 8 titres et Lyon avec 7 titres.

Le stade Vélodrome à Marseille

Son architecture très particulière avec ses tribunes très évasées, donnait trop d'espace au mistral si présent à Marseille. Pour l'Euro 2014, le Vélodrome a été rénové et modifié avec des tribunes couvertes. Sa capacité est la deuxième en France (après le Stade de France) avec 60 000 spectateurs. Réservé à l'Olympique de Marseille, il peut accueillir d'autres sports, comme le rugby, ou des concerts.

le stade Vélodrome, toujours prêt à s'enflammer pour un grand match de foot

Ibrahimovic contré par Morel lors du *Clásico* français.

Les grands clubs français

Olympique lyonnais
- 7 titres de Champion de France
- 5 Coupes de France
- 1 Coupe de la Ligue

Olympique de Marseille
- 1 titre de Champion d'Europe
- 9 titres de Champion de France
- 10 Coupes de France
- 4 Coupes de la Ligue

Paris Saint-Germain
- 1 Coupe d'Europe des vainqueurs de coupe
- 9 titres de Champion de France
- 12 Coupes de France
- 8 Coupes de la Ligue

AS Saint-Étienne
- 10 titres de Champion de France
- 6 Coupes de France
- 2 Coupes de la Ligue

L'hémorragie annuelle

Lors de chaque fin de saison, la Ligue 1 perd une partie de ses bons joueurs. Attirés par des salaires supérieurs et une vie nouvelle, nombreux sont ceux qui quittent le championnat français pour rejoindre l'Italie, l'Espagne et surtout l'Angleterre. Certains réussissent et deviennent de véritables stars dans leur pays d'adoption, d'autres ne sont pas titularisés et finissent par regretter leur choix.

Le championnat des derbys

La promiscuité de certaines villes et le désir de suprématie régionale ont installé en Ligue 1 des derbys passionnants : Rennes contre Nantes, Monaco contre Nice, Lille contre Lens, Bordeaux contre Toulouse ou encore Lyon contre Saint-Étienne. Mais le match des matchs, celui qui crée l'événement national chaque saison, se joue entre l'Olympique de Marseille et le Paris Saint-Germain. On l'appelle le *Clásico*.

Lyon, champion de France à 7 reprises consécutives

Le club des 2

Parmi les grandes nations européennes, la France est à la traîne, ses clubs ne comptant que 2 titres continentaux :
- la Ligue des Champions avec l'Olympique de Marseille en 1993 ;
- la Coupe des vainqueurs de coupe avec le Paris Saint-Germain en 1996.

Basile Boli offre avec l'OM le premier titre européen à la France.

La Champions League

une reprise de volée acrobatique de Lionel Messi (FC Barcelone) face à Edwin Van der Sar (Manchester United)

Véritable championnat d'Europe des clubs, elle oppose chaque année les meilleurs clubs de chaque nation européenne.

Une sélection compliquée mais juste

Une hiérarchie européenne bien établie définit le nombre de clubs issus des championnats nationaux appelés à y participer. Un tour préliminaire autorise d'autres clubs à rejoindre les poules du premier tour. Cette sélection des équipes offre une compétition spectaculaire.

Un parcours difficile

32 clubs répartis en 8 poules de 4 équipes se retrouvent ainsi en phase finale. À l'issue de ces mini-championnats, les deux premiers de chaque poule disputent les huitièmes de finale dont les vainqueurs participent aux quarts de finale puis aux demi-finales et enfin à la finale. Le club qui remporte celle-ci est sacré champion d'Europe après un parcours difficile qui dure 9 mois !

Les grands d'Europe

La première édition de la Coupe d'Europe a lieu en 1956 et voit la première victoire du Real Madrid, le club le plus titré à ce jour.

- **Real Madrid : 13 titres**
- **Milan AC : 7 titres**
- **Liverpool FC, Bayern Munich et FC Barcelone: 5 titres chacun**
- **Ajax Amsterdam : 4 titres**
- **Manchester Utd et Inter Milan : 3 titres**

Thierry Henry

Né le 17 août 1977 (France)
Attaquant

Star du Cosmos de New York, l'attaquant français fut la star absolue du club d'Arsenal, qui a érigé une statue en son honneur. Attaquant surdoué, technicien remarquable, buteur redoutable capable de marquer dans toutes les positions, Thierry Henry est assurément un des meilleurs attaquants de ce début de XXIe siècle.

Sir Alex Ferguson, le fantastique manager des *Red Devils*

Les Anglais dominateurs

4 clubs anglais (Manchester United, Arsenal, Liverpool et Chelsea) se sont retrouvés en quart de finale de la Champions League durant les saisons 2007-2008 et 2008-2009, soit la moitié des clubs qualifiés. Ils sont encore 3 à participer aux demi-finales (Liverpool a été éliminé) soit 75 % des clubs ! Une domination qui n'a débouché que sur un seul titre de champion : Manchester United en 2008. Au printemps 2019, on comptait 4 clubs anglais sur les 8 qualifiés pour les quarts de finale de la Champions League : Liverpool, Manchester United, Chelsea et Tottenham !

Vers un championnat d'Europe des clubs ?

Plusieurs grands clubs européens souhaitent la création d'un super championnat d'Europe qui réunirait, durant toute la saison, les 18 ou 20 meilleurs clubs européens issus des pays les plus importants. Ce championnat désignerait le champion d'Europe. Les clubs les moins bien classés rejoindraient leur championnat national. C'est un projet qui ne rencontre pas l'unanimité et qui serait difficile à organiser. À suivre !

Neymar

Né le 5 février 1992 (Brésil) Attaquant

Véritable génie du football mais aussi homme fantasque, Neymar fait les beaux jours de la Seleçao, dont il est le capitaine. Doté d'une technique hors pair, adroit des deux pieds et de la tête, il donne le tournis aux défenseurs qui s'opposent à lui. Il a fait l'objet du plus gros transfert de l'histoire lors de son arrivée au PSG en provenance de Barcelone.

Les 6 derniers vainqueurs de la Champions League

2014	Real Madrid
2015	FC Barcelone
2016	Real Madrid
2017	Real Madrid
2018	Real Madrid
2019	Liverpool FC

L'Europa League

Petite sœur de la Champions League, cette compétition (anciennement appelée Coupe de l'UEFA) accueille chaque année les clubs champions des petits pays de football européens, ainsi que les clubs bien classés et les vainqueurs des coupes nationales des autres pays.

duel aérien entre Cardozo et Cahill pour un titre en Europa League

L'arbitrage à 6

En 2009, l'UEFA a décidé d'instaurer la présence de 5 arbitres sur le terrain au cours des rencontres de l'Europa League. Aux 3 arbitres présents habituellement, l'arbitre central et ses 2 assistants sur les lignes de touche, sont adjoints 2 arbitres de surface de réparation chargés des fautes dans cette surface et de valider des buts qui pourraient être contestés. Le quatrième arbitre habituel, désormais le sixième, garde ses fonctions devant les bancs de touche : remplacements de joueurs et annonce du temps additionnel.

5 arbitres de champ pour la première fois en 2009 lors de l'Europa League !

Des places très chères

Derrière les grandes équipes qualifiées directement pour la Champions League, la bataille fait rage dans tous les championnats pour l'obtention d'une place en Europa League. Les places sont très convoitées. Sans cette compétition, les championnats nationaux perdraient beaucoup de leur intensité.

André-Pierre Gignac

Né le 5 décembre 1985 (France) Attaquant

Grand et puissant, André-Pierre est de la race des chasseurs de but. Adroit des 2 pieds et de la tête, il s'impose peu à peu comme un grand attaquant tant à Toulouse qu'à Marseille ou au Mexique, où il est adulé.

Forza Italia

En 1990, le football italien a conquis les 3 coupes d'Europe disputées cette année-là :

- C1 ou Ligue des champions : AC Milan ;
- C2 ou Coupe des coupes : Sampdoria de Gênes ;
- C3 ou Europa League : Juventus de Turin.

En 1994, ce sont les 2 clubs de Milan qui se sont imposés dans 2 coupes européennes :

- C1 ou Ligue des champions : AC Milan ;
- C3 ou Europa League : Inter Milan.

La Supercoupe d'Europe

Elle oppose chaque année le vainqueur de la Ligue des champions et celui de l'Europa League. Le match se déroule toujours à Monaco.

Finale de la Supercoupe d'Europe 2008 qui opposait Manchester United au Zenith de Saint-Pétersbourg.

La France à la traîne

La France se situe très loin dans la hiérarchie continentale derrière l'Espagne, l'Italie, l'Angleterre ou l'Allemagne. Dans toute son histoire, elle n'a remporté que 2 titres européens :

- C1 1993 : Olympique de Marseille bat le AC Milan 1 à 0 ;
- C2 1996 : Paris-Saint-Germain bat le Rapid de Vienne 1 à 0.

Bruno N'Gotty frappe le coup franc qui va donner un titre européen au Paris Saint-Germain.

Les 5 derniers vainqueurs de l'Europa League

2015	Séville FC (Espagne)
2016	Séville FC (Espagne)
2017	Manchester United (Angleterre)
2018	Atlético Madrid (Espagne)
2019	Chelsea (Angleterre)

Le championnat d'Europe des nations

Antoine Griezmann, vainqueur de la Liga Europa avec l'Atlético Madrid en 2018

Petit frère de la Coupe du monde, il se dispute lui aussi tous les 4 ans et regroupe les meilleures équipes nationales d'Europe.

2 ans d'embûches

À peine la phase finale de la Coupe du monde est-elle terminée, désignant son champion du monde, que les nations européennes se remettent à l'ouvrage en participant aux qualifications pour le championnat d'Europe des nations dont la finale aura lieu 2 ans plus tard. Les groupes de qualifications opposent les meilleures et les moins bonnes nations du vieux continent.

Platini et sa bande

La France était l'hôte de l'Euro en 1984. Demi-finaliste de la Coupe du monde 2 ans plus tôt, les Bleus réunissaient une belle brochette de talents sous la houlette de leur capitaine Michel Platini. L'équipe de France commença par gagner ses 3 matchs de poule contre le Danemark, la Belgique et la Yougoslavie, puis vainc le Portugal en demi-finale avant de battre l'Espagne en demi-finale, au Parc des Princes à Paris. La France remporta ce jour-là le premier titre international de son histoire. Michel Platini, en capitaine exemplaire, a marqué 9 buts et détient toujours le record de la compétition.

De 8 à 24 qualifiés

À partir de 1980, ce sont 8 équipes qui participent à la phase finale. Le nombre de nations qualifiées est porté à 16 en 1996. Pour l'Euro 2016, la compétition a regroupé 24 pays issus des qualifications. Le ou les pays organisateurs sont toujours qualifiés d'office. Le tenant du titre doit, lui, se qualifier.

Michel Platini tire un magistral coup franc contre la Yougoslavie au cours de l'Euro 1984.

La formidable reprise de volée de David Trézéguet qui va donner la victoire à la France en 2000.

Le but en or de Trézéguet

Sur la lancée de leur titre de Champion du monde de 1998, les Français ont remporté le titre européen en 2000, à l'issue d'une finale très accrochée contre l'Italie. Le temps règlementaire n'avait pas réussi à départager les bleus de Zidane et Deschamps des bleus de Maldini et Delvechio. La prolongation devait départager les 2 finalistes. C'est le Français David Trézéguet qui inscrivit le but en or d'une remarquable reprise de volée qui laissa Toldo sans réaction.

L'Espagne dominatrice

Depuis le début de son histoire, l'équipe nationale espagnole n'avait remporté aucun titre international. La malédiction a été vaincue le 29 juin 2008 dans le stade Ernst Happel de Vienne en Autriche : l'Espagne a battu l'Allemagne en finale de l'Euro, 1 à 0. 4 ans plus tard, la formidable sélection espagnole s'imposait à nouveau en écrasant l'Italie par 4 buts à 0 lors de la finale de la compétition, organisée conjointement par la Pologne et l'Ukraine.

Champion d'Europe avec l'équipe d'Espagne, Iker Casillas embrasse le roi.

Un palmarès éclectique

1992	Danemark	2008	Espagne
1996	Allemagne	2012	Espagne
2000	France	2016	Portugal
2004	Grèce		

Cristiano Ronaldo

Né le 5 février 1985 (Portugal) Attaquant

Ce phénomène du football, 5 fois Ballon d'or, a fait le bonheur du Sporting Portugal, de Manchester United, du Real Madrid, avec lequel il devient 4 fois Champion d'Europe, et de la Juventus Turin. Ce détenteur d'un grand nombre de records de buts est capitaine de l'équipe du Portugal avec laquelle il a remporté l'Euro 2016, battant la France en finale.

GHANA NATIONAL SU
GHANSU

passion totale foot dans les tribunes d'un stade africain

SUR LES AUTRES CONTINENTS

Comme l'Europe où est né le football, les autres continents, l'Amérique du Sud, l'Amérique du Nord et centrale, l'Afrique et l'Asie avec l'Océanie, organisent des compétitions passionnantes opposant des clubs ou des nations.

La Coupe d'Afrique des nations (CAN)

Tous les 2 ans, 16 nations issues de poules de qualification se disputent la suprématie africaine au cours de la phase finale de la CAN. Cela donne lieu à des matchs spectaculaires et engagés.

la fierté d'accompagner les futurs champions d'Afrique

Un trait d'union

Disputée pour la première fois en 1957 avec la victoire de l'Égypte, la CAN déclenche un grand enthousiasme dans les pays qualifiés. La compétition tire un trait d'union entre les nations. Elle met aussi entre parenthèses les conflits qui déchirent trop souvent ce continent, permettant à des millions de jeunes de faire des rêves de champions.

En haut de la pyramide

Avec 20 participations, l'Égypte est le pays qui a disputé le plus grand nombre de phases finales de la CAN. C'est aussi le pays le plus souvent sacré champion d'Afrique, avec 6 titres.

Un temps à oublier

En 1957, la candidature de l'Afrique du Sud est refusée en raison de l'Apartheid (ségrégation entre les Noirs et les Blancs) qui règne alors dans ce pays. Heureusement, l'histoire a oublié ce temps maudit et désormais l'Afrique du Sud occupe une place importante dans le football mondial : c'est elle qui a organisé la Coupe du monde 2010 !

La CAN 2017 : le Cameroun au sommet

Organisée par le Gabon, la CAN 2017 a accueilli la Guinée-Bissau pour la première fois de son histoire. Les matchs de poule ont éliminé prématurément quelques favoris comme la Côte d'Ivoire, tenante du titre, le Gabon ou l'Algérie. La finale a opposé le Cameroun à l'Égypte, à la conquête de son huitième titre, mais ce sont les Lions de la Terranga qui se sont imposés grâce à un but d'Aboubakar à la 88e minute.

Vincent Aboubakar, le puissant attaquant du Cameroun

Le palmarès de la CAN

1992	Côte d'Ivoire	2006	Égypte
1994	Nigéria	2008	Égypte
1996	Afrique du Sud	2010	Égypte
1998	Égypte	2012	Zambie
2000	Cameroun	2013	Nigéria
2002	Cameroun	2015	Côte d'Ivoire
2004	Tunisie	2017	Cameroun

Didier Drogba

Né le 11 mars 1978 (Côte d'Ivoire) Attaquant

Réalisant une fulgurante ascension en quelques années, il est devenu l'un des meilleurs attaquants évoluant en Europe, s'imposant à Chelsea, l'équipe où les places sont les plus chères. Doté d'une âme de chef, ce formidable chasseur de but est un modèle pour tout le football africain.

Au Maghreb et au Moyen-Orient

Le football a conquis les terres arides des pays de l'Afrique du Nord et de l'Asie occidentale. Leurs clubs et leurs nations participent aux compétitions organisées sur ces deux continents.

Une pépinière pour l'Europe

Le Maroc, la Tunisie et l'Algérie (les pays du Maghreb) ont découvert le ballon rond lors de la colonisation française. Le football y est désormais le sport roi et grand nombre de joueurs ont émigré en Europe pour le plus grand bonheur des clubs de France, d'Italie, de Belgique ou d'Allemagne. Presque tous sont restés fidèles à leur nation d'origine permettant à leur sélection de briller en Coupe d'Afrique des nations (CAN) et même en Coupe du monde.

l'élégance du Marocain Kakim Ziyech, sous le maillot de l'Ajax Amsterdam

Les ballons d'or africains venant du Maghreb

1975	Ahmed Faras (Maroc)
1977	Tarak Dhiab (Tunisie)
1981	Lakdhar Belloumi (Algérie)
1985	Mohamed Timouni (Maroc)
1986	Badou Zaki (Maroc)
1987	Rabah Madjer (Algérie)
1988	Mustapha Hadji (Maroc)

Wahbi Khazri, capitaine de la Tunisie lors de la Coupe du monde 2018

L'attrait du maillot bleu

Les jeunes français d'origine maghrébine se sont peu à peu éloignés de leurs racines. Ils ne connaissent parfois même pas le pays d'origine de leurs parents et la majorité des jeunes stars ne conçoit leur avenir qu'en bleu. Après Zidane, Benzema, Ben Arfa ou Nasri en sont des exemples.
La perspective de disputer une phase finale de Coupe du monde est plus séduisante que celle de se bagarrer pour une place en finale de la CAN. Mais la règle connaît heureusement des exceptions : Wahbi Khazri, le redoutable attaquant de l'AS Saint-Etienne, né en France, a choisi le maillot de la Tunisie, pays d'origine de ses parents.

Sable et or noir

Au Moyen-Orient, le climat est aride, le désert omniprésent et il ne pleut presque jamais. De plus, le football ne fait pas partie de la culture de la population. Seulement voilà, le sous-sol des pays du golfe Persique regorge de pétrole, synonyme de richesse. Des stades magnifiques ont vu le jour et les pétrodollars incitent de grands joueurs ou des entraîneurs réputés à s'installer dans cette région du monde. C'est d'ailleurs le Qatar qui organise la Coupe du monde 2022.

match en nocturne au Qatar, pays du roi pétrole

Le cheikh Al-Ahmad Al-Sabah invité à quitter le terrain de Valladolid.

L'arbitrage du cheikh

Le premier pays du Golfe à participer à la Coupe du monde est le Koweït en 1982. Il s'y fait alors remarquer. En effet, lors du match l'opposant à la France, le cheikh Fahid Al-Ahmad Al-Sabah, président de la Fédération de son pays, se permet de pénétrer sur le terrain et demande à l'arbitre d'annuler un but d'Alain Giresse. L'homme en noir accède à la requête du cheikh, provoquant la colère du sélectionneur français Michel Hidalgo.

Les pays du Moyen-Orient champions d'Asie

- Arabie Saoudite : 1984, 1988, 1996
- Iran : 1968, 1972, 1976
- Israël : 1964
- Koweït : 1980
- Irak : 2007
- Qatar : 2019

Le ballon rond comme dénominateur commun

Le Proche-Orient est depuis longtemps le théâtre de luttes et de guerres d'origine politique ou religieuse. Heureusement, le football, profondément ancré dans ces pays en conflit, permet aux peuples de retrouver leur fierté et d'oublier pour quelque temps leurs tourments. L'équipe nationale d'Irak, un pays en plein désordre à l'issue de la deuxième guerre du Golfe, a réussi l'incroyable exploit de remporter la Coupe d'Asie des nations en 2007 !

le football, une belle façon d'oublier la guerre en Irak

L'Asie, nouveau continent du football

le gardien italien, Buffon, face à l'attaquant japonais, Maeda

Si le football a mis du temps à s'implanter en Asie, le plus grand continent du monde connaît désormais un formidable engouement pour le ballon rond et les compétitions de clubs ou nationales y sont de bon niveau.

La Coupe d'Asie des nations

Elle regroupe tous les 4 ans les 16 meilleures nations asiatiques, issues de poules de qualification. Compétition très disputée, elle propose parfois d'énormes surprises comme la victoire de l'Irak contre l'Arabie Saoudite en 2007. Le Japon (4 fois champion), l'Arabie Saoudite (3), l'Iran (3) et la Corée du Sud (2) sont les nations les plus titrées.

La Ligue des Champions d'Asie (AFC)

Cette compétition annuelle réunit les 32 meilleurs clubs des nations asiatiques. Certaines, comme la Chine, la Corée du Sud, le Koweït, Israël ou encore le Viêt-nam peuvent présenter leurs 2 meilleurs clubs. Les 10 dernières saisons ont été dominées par les clubs de la Corée du Sud, du Japon et de l'Arabie Saoudite. Une seconde compétition continentale de clubs dite « Coupe des Présidents » accueille, depuis 2005, 17 clubs issus de pays « en développement » comme le Bengladesh, les Philippines, le Cambodge ou la Palestine.

Les 5 derniers vainqueurs de la Coupe d'Asie des nations

2004	Japon
2007	Irak
2011	Japon
2015	Australie
2019	Qatar

Les 5 derniers vainqueurs de l'AFC

2014	Western Sydney Wanderers (Australie)
2015	Guangzhou Evergande (Chine)
2016	Jeonbuk Hyundai Motors (Corée du Sud)
2017	Urawa Red Diamonds (Japon)
2018	Kashima Antlers (Japon)

Cristiano Ronaldo trompe Yosuke Fujigaya, le gardien de Gamba Osaka.

âpre duel entre le Coréen Park Ji-sung et l'Argentin Mascherano lors de la Coupe du Monde 2010

Le Japon et les 2 Corées

Opposés dans une guerre sans merci à la fin de la Seconde Guerre mondiale, la Corée du Sud et le Japon sont devenus depuis de farouches rivaux économiques et industriels. Ils ont cependant organisé conjointement la Coupe du monde en 2002 et sont devenus les meilleures nations du continent asiatique. La Corée du Nord, dont les frontières sont les plus hermétiques du monde, a été la première nation à participer à une phase finale de Coupe du monde. Elle récidive en se qualifiant pour la Coupe du monde 2010 en Afrique du Sud.

La Chine s'éveille

Avec ses 1,3 milliard d'habitants, la Chine gagne petit à petit sa place dans le monde du football. Présente pour la première fois lors de la Coupe du monde 2002, elle a été l'hôte du Mondial féminin en 2007 ainsi que des Jeux olympiques 2008. Ses grands clubs, comme le Shenhua de Shanghai ou le Guangzhou Evergrande de Canton, offrent des salaires extraordinaires pour attirer les meilleurs entraîneurs ou les meilleurs joueurs de la planète.

Les espoirs chinois vainqueurs du Brésil !

Les pionniers

Les footballeurs asiatiques qui ont tenté et réussi leur intégration dans les clubs européens sont encore très rares. Les plus connus sont : Hidetoshi Nakata et Daisuke Matsui pour le Japon, Hong Myung-bo, Park Ji-Sung et Cha Bum-Kun pour la Corée du Sud.

Daisuke Matsui

Au pays des vaches sacrées

En Inde, le football est le sport numéro 1 et compte bien plus de pratiquants que le cricket, le sport national. Mais peu structuré et seulement semi-professionnel, le foot indien reste un inconnu sur le plan international.

En Amérique du Sud

L'autre continent du football, l'Amérique, organise deux grandes compétions, la Copa América qui oppose des nations et la Copa Libertadores qui oppose des clubs : passion et ambiance fantastiques dans des stades combles !

La Copa América

Née en 1916, la Copa América est la plus ancienne compétition continentale de football. Elle a lieu alternativement tous les 2, 3 ou 4 ans et oppose les meilleures équipes nationales du CONMEBOL (Amérique du Sud), ainsi que des nations invitées dans la CONCACAF (Amérique du Nord et centrale). 3 grandes nations du football sud-américain, l'Argentine, l'Uruguay et le Brésil, dominent nettement la Copa América.

traditionnel duel brésilo-argentin en Copa América

Palmarès

- **Uruguay :** 15 titres
- **Argentine :** 14 titres
- **Brésil :** 9 titres
- **Paraguay, Pérou et Chili :** 2 titres chacun
- **Bolivie et Colombie :** 1 titre chacun

Difficile de se frayer un passage pour Emerson, le buteur des Corinthians en 2012.

La Copa Libertadores

Comparable à la Champions League européenne, elle réunit chaque année les 38 meilleurs clubs des pays d'Amérique du Sud. La suprématie continentale étant en jeu, elle suscite, depuis sa création en 1960, une folle passion des supporteurs de chaque club. Le premier tour se joue sous la forme de mini-championnats (8 poules de 4 clubs) qui qualifient leurs 2 premiers pour les huitièmes de finale. Celles-ci, ainsi que les quarts de finale, les demi-finales et même la finale se disputent sous la forme de match aller-retour.

Les frères ennemis

L'Argentine et le Brésil luttent pour la suprématie sur le football sud-américain. Ils ne parlent pas la même langue, l'espagnol pour l'Argentine et le portugais pour le Brésil, mais leurs footballeurs enchantent le monde du ballon rond par leur technique individuelle, leur sens tactique, leur originalité et parfois leur folie. Tous les grands clubs européens comptent dans leur rang des footballeurs venus de l'Argentine ou du Brésil. Certains sont devenus des icônes mondiales comme Pelé, Garrincha, Zico, Maradona, Ronaldo et Kaka, ou encore Batistuta, Di-Maria, Neymar...

Diego Maradona, ex-star planétaire, devenu sélectionneur de l'équipe d'Argentine de 2008 à 2010

Les meilleures nations représentées

Pays	Victoires
• Argentine	25
• Brésil	18
• Uruguay	8
• Paraguay	3
• Colombie	3
• Chili	1
• Équateur	1

Les 5 deniers vainqueurs

2014	San Lorenzo (Argentine)
2015	River Plate (Argentine)
2016	Atlético National (Colombie)
2017	Gremio (Brésil)
2018	River Plate (Argentine)

TAUPLITZ

L'attaquant allemand Gerd Müller détient le record en Coupe du monde : 14 buts en 14 matchs !

LA COUPE DU MONDE

Considérée comme l'événement sportif le plus populaire au monde après les Jeux olympiques, la Coupe du monde de football a déjà 21 phases finales à son actif.

Une longue histoire

Chaque jour, dans le monde entier, des matchs de football opposent des nations ou des clubs. Remporter la Coupe du monde constitue le rêve de millions de footballeurs.

Son organisation

La décision de mettre en place une compétition internationale a été prise par la Fédération internationale en 1905. Les pays candidats devaient s'inscrire avant le 31 août de cette année-là. Mais il a fallu attendre 25 ans (jusqu'en 1930) pour que la Coupe du monde connaisse sa première édition !

32 élus pour la phase finale

Actuellement, 32 pays issus de qualifications organisées par zones géographiques participent, tous les 4 ans, à la phase finale de la Coupe du monde, l'Europe à elle seule comptant presque la moitié du plateau. Sont inclus, bien sûr, le pays organisateur ainsi que le pays champion du monde en titre.

Plus de qualifiés

Pour la Coupe du Monde 2022 qui se déroulera au Qatar, la FIFA envisage de porter le nombre de pays qualifiés à 48 : voilà une organisation toute nouvelle au pays des Bédouins.

La coupe (en or massif) est la propriété de la FIFA. Chaque vainqueur en reçoit une copie, qu'il peut conserver.

La première Coupe : 1930 en Uruguay

Champion : l'Uruguay, vainqueur en finale de l'Argentine 4 à 2. Buts pour l'Uruguay : Dorado, Cea, Iriarte, Castro. Pour l'Argentine : Peucelle, Stabile.

Premiers événements, premiers perdants

À Buenos Aires, les Argentins sont tellement bouleversés par la défaite de leur équipe qu'il faut l'armée pour les calmer. Les Européens, quant à eux, visitent le stade du Centenaire, construit spécialement pour la Coupe du monde. Ils sont stupéfaits : ils n'ont encore jamais vu un stade pouvant contenir 108 000 spectateurs !

l'échange des fanions lors de la finale de la première Coupe du monde de l'histoire, en 1930

La croisière s'amuse

Pour rejoindre l'Uruguay, pays organisateur de la première Coupe du monde, 3 délégations européennes se retrouvent sur le *Conte Verde*, un luxueux paquebot. Les Français embarquent à Villefranche-sur-Mer, les Roumains à Gênes et les Belges à Barcelone. Le passage de l'équateur est l'occasion d'une fête mémorable. Le navire fait ensuite escale à Rio pour prendre au passage la sélection brésilienne. Après 16 jours d'une folle croisière, ils arrivent enfin à Montevideo le 5 juillet.

6 minutes de moins !

15 juillet 1930 : l'Argentine, grande favorite, rencontre la France. À la 81e minute, un Sud-Américain expédie le ballon dans les filets français. 3 minutes plus tard, alors que l'attaquant bleu, Largiller, s'apprête à tirer au but… l'arbitre siffle la fin du match. Il manque 6 minutes de jeu ! Scandale dans le stade ! L'arbitre revient alors sur sa décision et fait reprendre le match. Les Français se ruent à l'assaut des buts adverses, mais ils ne réussissent pas à marquer !

Les années 1930

Quelques nations sont invitées à participer à la première Coupe du monde. Personne n'imagine alors que cette compétition deviendra un événement planétaire tous les 4 ans.

L'affiche de la deuxième Coupe du monde de football met en valeur le régime fasciste italien.

1934 en Italie

Champion : l'Italie, vainqueur en finale de la Tchécoslovaquie 2 à 1 après prolongations. Buts pour l'Italie : Orsi et Schiavio. Pour la Tchécoslovaquie : Puc. C'est une finale européenne cette fois, et l'Italie doit attendre les dernières minutes pour s'imposer et satisfaire son public.

Quand la politique s'immisce dans le foot

L'Italie est en plein régime fasciste et vénère Benito Mussolini. Le match Italie-Espagne, en quart de finale, est d'une rare violence. Au football technique des Espagnols, les Italiens opposent un jeu dur et furieux où les crampons volent haut. La rencontre se termine sur un score nul de 1 à 1 et sera rejouée... dans la même ambiance, avec un arbitre incroyablement désinvolte. Les Espagnols subissent et encaissent les coups. Ils s'inclinent 1 à 0. La route du titre est ouverte pour l'Italie.

duel musclé entre le gardien allemand et l'attaquant suisse lors de la Coupe du monde 1938

1938 en France

Champion : l'Italie, vainqueur en finale de la Hongrie 4 à 2. Buts pour l'Italie : Colaussi (2), Piola (2). Pour la Hongrie : Titkos, Sarosi. Deuxième victoire consécutive pour les Italiens, survoltés au terme d'une Coupe du monde assez fade dans une ambiance tendue. La troisième Coupe du monde s'est déroulée en France, 1 an avant le début de la Seconde Guerre mondiale. Le Brésil montre pour la première fois son immense potentiel mais c'est la « vieille » Europe qui s'impose à nouveau. L'Italie, championne du monde en titre, bat en finale une formidable équipe de Hongrie. La guerre embrase bientôt l'Europe et la Coupe du monde est mise en sommeil jusqu'en 1950.

1950 au Brésil

Champion : l'Uruguay, vainqueur en finale du Brésil 2 à 1.
Buts pour l'Uruguay : Schiaffino, Ghiggia. Pour le Brésil : Friaça.
La plus grande désillusion de toute l'histoire d'un pays.
Le Brésil est vaincu sur son terrain fétiche de Maracanã, devant des spectateurs désespérés.

Maracanã sombre dans le désarroi

Maracanã, le plus grand stade de la planète, a été construit pour abriter la finale de la Coupe du monde de 1950 et surtout pour y consacrer le Brésil champion du monde. Contre toute attente, le 16 juillet, la Seleçao est vaincue par l'Uruguay, qui remporte sa seconde coupe. Cette défaite, qui déclenche même une vague de suicides dans le pays, reste, aujourd'hui encore, une humiliation pour le football brésilien. Le gardien de but brésilien Moacir Barbosa regrettera toute sa vie ses erreurs fatales à la Seleçao.

Un stade mythique

Maracanã est le stade de tous les exploits, de toutes les joies et de tous les drames du peuple brésilien. Inauguré le 24 juillet 1950, ce grand stade connaît ses premiers frissons quand Didi, formidable attaquant brésilien, réalise un tir fantastique qui méduse le gardien adverse : un ballon brossé montant très haut et retombant doucement… comme une « feuille morte ». Classé monument historique, Maracanã a été rénové à l'aube de la Coupe du monde 2014, et n'accueille plus que 78 000 spectateurs au lieu de 200 000 auparavant.

L'Uruguay, en bleu, s'impose face au Brésil.

1954 en Suisse

Champion : la RFA (Allemagne de l'Ouest), vainqueur en finale de la Hongrie 3 à 2. Buts pour la RFA : Morlock, Rahn (2). Pour la Hongrie : Puskas, Czibor. La Hongrie, invincible, était la très grande favorite. Les Allemands ont prouvé qu'un match de football n'est jamais joué d'avance.

Ferenc Puskas, le capitaine hongrois, et Fritz Walter, son homologue allemand, avant le coup d'envoi de la finale

Sandor Kocsis

1929-1979 (Hongrie) – Attaquant

Considéré comme un des plus grands attaquants de tous les temps, il est une des vedettes de l'équipe de Hongrie qui domine le football mondial entre 1950 et 1955. Son formidable jeu de tête lui permet d'inscrire 75 buts en 68 sélections nationales.

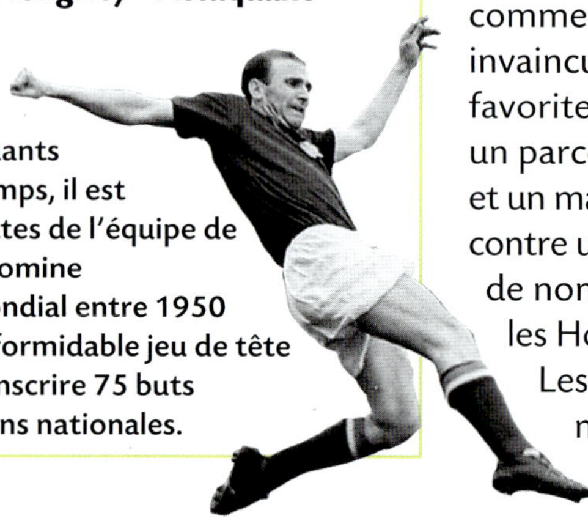

On attendait la Hongrie

La Hongrie, emmenée par de fabuleux joueurs comme Puskas, Kocsis ou encore Czibor, est invaincue depuis 4 ans et apparaît comme favorite de la compétition. Elle connaît un parcours aisé, malgré la blessure de Puskas et un match éprouvant en quart de finale contre une équipe du Brésil qui provoque de nombreuses bagarres. En finale, à Berne, les Hongrois tombent sur plus forts qu'eux. Les Allemands l'emportent sur le fil en marquant le but de la victoire par Rahn à la 84e minute.

La France brocardée !

De nombreux supporters français ont fait le déplacement pour encourager leur équipe. Ils espèrent beaucoup des coéquipiers du capitaine Robert Jonquet. Hélas, ce ne sont que des Bleus très pâles qui participent à la compétition. Les rumeurs prêtent aux Tricolores des préoccupations parfois éloignées des terrains : « Ils n'étaient pas en phase avec leur entraîneur », « Les primes n'étaient pas assez élevées »...

Ferenc Puskas

1927-2006 (Hongrie-Espagne) – Attaquant

Son physique n'est pas impressionnant, mais son pied gauche est magique et marque des buts fabuleux. Puskas connaît 2 époques dans sa vie de footballeur. La première dans son pays, la Hongrie, la deuxième dans son pays d'accueil, l'Espagne, où il fait les beaux jours du Real Madrid...

1958 en Suède

Champion : le Brésil, vainqueur en finale de la Suède 5 à 2. Buts pour le Brésil : Vava (2), Pelé (2), Zagallo. Pour la Suède : Liedholm, Simonsson. L'équipe du Brésil présente un jeune prodige : Pelé. Quant à la France, elle vient de vivre sa première épopée en atteignant les demi-finales.

Le Brésil, maître de l'offensive, humilie la Suède sur ses terres, à Stockholm.

Pelé (Edson Arantes do Nascimento)

Né en 1940 (Brésil) – Attaquant

Puissant, clairvoyant, rapide, précis, remarquable technicien, buteur sans pareil, inscrivant en moyenne 1 but par match, il est une légende à lui tout seul ! En 1994, il devient ministre des Sports du Brésil puis ambassadeur pour l'ONU et l'Unesco. Figure vivante du football, il reste adulé dans son pays et dans le monde entier.

Des héros...

Le 19 juin 1958, à la 73e minute de la rencontre Brésil-Pays de Galles, le tout jeune attaquant brésilien Edson Arentès do Nascimento marque son premier but en Coupe du monde. Le monde entier découvre « Pelé », le plus grand joueur de tous les temps !

... qui entrent dans l'histoire

Le 8 juin 1958, à la 25e minute de la rencontre France-Paraguay, l'attaquant Just Fontaine marque le premier but des Français qui vont s'imposer 7 à 3. L'avant-centre des Bleus ne sait pas encore qu'il va inscrire 12 autres buts au cours de cette compétition et que son record de 13 buts tient toujours, plus de 50 plus tard !

Raymond Kopa

1931-2017 (France) – Attaquant

Ce véritable génie du ballon rond est surnommé par les Anglais le « Napoléon du football ». Son jeu d'une exceptionnelle qualité se met au service du collectif. Il est l'un des premiers joueurs français à évoluer dans une grande équipe étrangère, le Real Madrid.

Le capitaine brésilien Didi brandit la coupe à l'issue de la finale 1962.

1962 au Chili

Champion : le Brésil, vainqueur en finale de la Tchécoslovaquie 3 à 1. Buts pour le Brésil : Amarildo, Zito, Vava. Pour la Tchécoslovaquie : Masopust. À l'issue de cette compétition difficile, la finale est de bien moyenne qualité.

Sous tension

La Coupe du monde a rarement connu un match aussi violent que celui opposant le Chili à l'Italie et disputé à l'Estadio nacional de Santiago, la capitale...

Quand la bagarre trahit le foot

Un arbitre dépassé et sous influence, un public chauvin et survolté, des joueurs énervés, des coups de poing, des tacles à la gorge, des insultes, 2 joueurs italiens expulsés en première mi-temps, rien n'a été épargné aux amoureux du football ce jour-là. Le Chili finit par l'emporter en marquant 2 buts.

Just Fontaine

Né en 1933 (France)
Attaquant

Il reste le meilleur buteur lors d'une Coupe du monde. Attaquant racé, opportuniste, vif et très adroit, il obtient 2 fois le titre de meilleur buteur français, en 1958 et 1960. Il se retire très tôt de la compétition à cause d'une vilaine blessure.

Lev Yachine

1929 -1990 (URSS)
Gardien de but

Surnommé l'araignée noire, il est le plus grand gardien de tous les temps. Son envergure démesurée impressionne les adversaires qui s'aventurent dans la surface de réparation. Doté de brillants réflexes et d'une adresse diabolique, il manie aussi la relance avec talent.

Manuel Garrincha

1933-1983 (Brésil) – Attaquant

Qui aurait pu prédire une telle carrière à un joueur aux genoux déformés ? Garrincha utilise ses jambes tordues pour mieux tromper l'adversaire. Son démarrage et son dribble irrésistibles ont découragé bien des arrières latéraux !

1966 en Angleterre

Champion : l'Angleterre, vainqueur en finale de la RFA 4 à 2 (après prolongations). Buts pour l'Angleterre : Hurst (3), Peters. Pour la RFA : Haller, Weber. Chez eux, les Anglais triomphent de l'Allemagne fédérale dans un match à rebondissements et tiennent enfin leur Coupe du monde !

Bobby Moore, le capitaine anglais, vient de recevoir la coupe des mains de la reine Elizabeth II d'Angleterre.

Un but litigieux

La finale se dispute à Wembley devant 100 000 spectateurs dont 80 000 Anglais acquis à la cause de leur équipe nationale. À la 89e minute, l'Angleterre mène 2 buts à 1 lorsque l'arbitre accorde le but égalisateur à la RFA, sans avoir sanctionné une faute de main flagrante de son défenseur Schnellinger.

Bobby Charlton (Sir)

Né en 1937 (Angleterre)
Milieu de terrain
Véritable génie du football, il démoralise bien des adversaires par la clairvoyance de son jeu et par la précision de ses tirs. Un gentleman des terrains.

Et de 2 !

Lors des prolongations, une nouvelle erreur d'arbitrage valide le but de l'Anglais Hurst dont la reprise de volée sur la transversale fait rebondir le ballon au sol… sans pour cela franchir la ligne de but !

Eusebio

1943-2014 (Portugal)
Attaquant
Cet attaquant fantasque mais génial fait les beaux jours du Benfica de Lisbonne. Son tir très efficace, surprenant par sa spontanéité et sa puissance, provoque des ravages dans la défense adverse et fait de lui l'un des plus grands joueurs de sa génération.

1970 au Mexique

le capitaine de l'équipe du Brésil Carlos Alberto à l'issue de la plus belle finale de l'histoire de la Coupe du monde

Champion : le Brésil, vainqueur en finale de l'Italie 4 à 1. Buts pour le Brésil : Pelé, Gerson, Jairzinho, Carlos Alberto. Pour l'Italie : Boninsegna. Un Mondial de légende remporté par une extraordinaire équipe du Brésil qui embrase le monde entier.

2 matchs de légende

La demi-finale opposant l'Italie à la RFA est une formidable rencontre pleine de suspense. L'Italie s'impose 4 à 3 après des prolongations mémorables. Plus éblouissante est la finale. L'Italie ne peut résister au niveau de jeu extraordinaire des Brésiliens. Les 107 000 spectateurs et les millions de téléspectateurs restent sous le charme de Pelé, Gerson, Rivelino, Tostão ou encore Carlos Alberto, de véritables magiciens du ballon rond.

Un stade mythique

Le stade Azteca de Mexico est inauguré en 1966. Situé à 2 000 m d'altitude, il est le seul à avoir connu 2 finales de Coupe du monde, en 1970 et 1986. Il garde en mémoire les fabuleux exploits de Pelé, de Maradona ou encore de Matthäus et de Beckenbauer. On dit de lui qu'il ne « supporte » que le beau jeu ! Son club attitré est l'America Mexico.

Gerd Müller

Né en 1945 (RFA)
Attaquant

De petit gabarit, ce chasseur de buts trouve toujours le moyen de mettre le ballon au fond des filets. Il est pendant 6 saisons le meilleur buteur d'Allemagne et Soulier d'or européen. Il est l'un des meilleurs buteurs en Coupe de monde.

Sandro Mazzola

Né en 1942 (Italie)
Milieu de terrain

20 ans après son père (footballeur de renom), il devient un joueur indispensable de la sélection italienne. Même s'il évolue à l'époque du « béton », une tactique défensive très dure, il est vif et très adroit et se joue régulièrement des défenses adverses.

Beckenbauer, Maier et Breitner, maîtres chez eux

1974 en Allemagne

Champion : la RFA, vainqueur en finale des Pays-Bas 2 à 1. Buts pour la RFA : Breitner, Müller. Pour les Pays-Bas : Neeskens. Les Allemands, très forts, s'imposent chez eux face à une équipe des Pays-Bas enthousiaste et révolutionnaire. L'Europe domine le football mondial.

Le football total des « Orange »

Les joueurs des Pays-Bas, issus pour la plupart de la fantastique équipe de l'Ajax Amsterdam, enthousiasment les spectateurs de la Coupe du monde 1974. Très affûtés, adeptes d'un football total où chacun attaque et défend, ces joueurs au maillot orange et aux cheveux fous veulent remporter leur premier titre de champions du monde. Ils tombent pourtant dans le piège tendu par des Allemands très organisés et jouant à la maison.

Qualifié sans jouer

S'opposant à l'arrivée au pouvoir du général Pinochet à la tête du Chili, l'URSS refuse d'envoyer à Santiago son équipe nationale pour disputer un match de barrage qualificatif. L'arbitre donne toutefois le coup d'envoi alors que seule l'équipe chilienne se trouve sur le terrain. Valdes marque le but de la victoire dans des cages de but vides. Il qualifie son pays !

Johan Cruyff

1947-2016 (Pays-Bas)
Attaquant

En 1974, il est le joueur le plus brillant de l'équipe hollandaise. Attaquant racé, vif et déterminé, marqueur de buts et distributeur de génie, il est considéré durant plusieurs années comme le meilleur joueur mondial. Il devient ensuite un entraîneur respecté qui prône une tactique offensive et spectaculaire.

Franz Beckenbauer

Né en 1945 (RFA) – Défenseur

Ce défenseur possède probablement l'un des plus beaux palmarès depuis que le football existe. D'une élégance et d'une efficacité rares, il est indispensable à son club et à l'équipe nationale d'Allemagne fédérale, avec laquelle il dispute même une rencontre le bras en écharpe (clavicule cassée) en Coupe du monde 1970. Il poursuit ensuite sa carrière comme entraîneur puis comme président de club, avec la même réussite.

1978 en Argentine

Champion : l'Argentine, vainqueur en finale des Pays-Bas 3 à 1. Buts pour l'Argentine : Kempes (2), Bertoni. Pour les Pays-Bas : Nanninga. Deuxième défaite consécutive pour les Néerlandais en finale de Coupe du monde mais victoire logique de l'Argentine, sur son terrain.

Les Argentins savourent leur victoire, la coupe en main.

Les Orange encore « pressés »

Revanchards, les Néerlandais atteignent une nouvelle fois la finale de la Coupe du monde contre le pays organisateur. La finale est très engagée et voit l'Argentine triompher. Même si certaines nations ont pensé boycotter la compétition pour marquer leur opposition à la dictature argentine, la Coupe du monde a quand même lieu, le football jouant une fois de plus son rôle de modérateur, de parenthèse dans un monde plutôt compliqué.

Mario Kempes

Né en 1954 (Argentine)
Attaquant

Son énorme puissance physique et ses capacités techniques en font le héros de la Coupe du monde 1978. Omniprésent sur le terrain, il promène ses longs cheveux sur le front de l'attaque argentine.

Le short bleu et les chaussettes rouges sont conformes aux couleurs françaises, pas le maillot vert et blanc !

Drôles de maillots !

Au moment de disputer son troisième match de poule lors de la Coupe du monde 1978, la France, qui doit jouer en bleu, se présente en maillot blanc, comme la Hongrie qu'elle doit rencontrer. L'arbitre envisage alors de considérer le match perdu pour la France. Finalement, un club local prête in extremis un jeu de maillots aux Bleus qui disputent et remportent leur match (3 à 1) vêtus de tuniques rayées vertes et blanches. Pour la première et sûrement la dernière fois de leur histoire !

Le capitaine Dino Zoff brandit la coupe sous les yeux du roi d'Espagne.

1982 en Espagne

Champion : l'Italie, vainqueur en finale de la RFA 3 à 1. Buts pour l'Italie : Rossi, Tardelli, Altobelli. Pour la RFA : Breitner. C'est une belle Coupe du monde, où les Brésiliens donnent le ton. Un fantastique Brésil-Argentine au deuxième tour enthousiasme le Camp Nou de Barcelone.

Des demi-finales...

La sélection brésilienne, grande favorite, cède au cours d'une exceptionnelle demi-finale devant une Italie survoltée, à l'image de son avant-centre, Paolo Rossi, auteur des 3 buts de son équipe.

... d'anthologie

L'autre demi-finale oppose la France à l'Allemagne fédérale. Les Bleus de Platini prennent l'avantage 3 à 1 au cours de la prolongation. Mais les Allemands, reviennent au score. La rencontre est émaillée par un incident grave : le gardien allemand Schumacher assomme littéralement le défenseur français Battiston. L'Allemagne s'impose aux tirs au but (5 à 4).

Michel Platini

Né en 1955 (France)
Attaquant et milieu de terrain

Le plus grand joueur français de tous les temps avec Raymond Kopa et Zinedine Zidane. Doté d'une technique exceptionnelle et d'une clairvoyance hors du commun, il est à la fois un distributeur et un buteur de génie. On se souvient de ses fabuleux coups francs contournant le mur adverse et se logeant en pleine lucarne. Il dirige ensuite l'équipe de France. Élu président de l'UEFA en janvier 2007, Michel Platini est un superbe ambassadeur du football français.

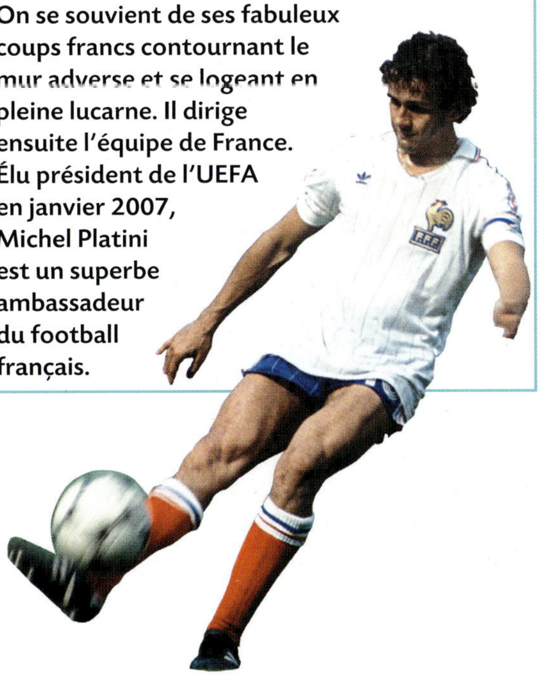

Dino Zoff

Né en 1942 (Italie) – Gardien de but

Dino est un gardien sobre mais brillant. Il compte 110 sélections avec l'équipe d'Italie et 12 matchs de suite sans prendre un but. Il fait presque aussi bien avec son club de la Juventus de Turin où il reste invaincu durant 10 matchs consécutifs.

1986 au Mexique

Champion : l'Argentine, vainqueur en finale de la RFA 3 à 2. Buts pour l'Argentine : Brown, Valdano, Burruchaga. Pour l'Allemagne fédérale : Rummenigge, Völler. Les Français ont tout de même emballé le « Mundial ».

l'Argentine championne du monde : Jorge Burruchaga porté en triomphe

Le plus beau match de l'histoire ?

Pour de nombreux observateurs, ce quart de finale opposant le Brésil à la France est l'un des matchs les plus aboutis et les plus techniques de l'histoire du football. Les Bleus réalisent le match parfait. Il faut la terrible séance de tirs au but pour désigner un demi-finaliste. Platini rate son tir, mais Fernandez sauve les Bleus. En France, on pleure de joie, au Brésil on compte 7 victimes d'arrêt cardiaque et 2 000 personnes hospitalisées, terrassées par l'émotion et la tristesse !

Jean-Pierre Papin

Né en 1963 (France)
Attaquant

C'est un buteur né. Chasseur à l'affût, il flaire les bons coups et les exploite avec un culot monstre. Marseille a adopté cet homme du Nord. Puis le AC Milan et le Bayern Munich l'enrôlent à leur tour. Il fait les beaux jours de l'équipe de France avant de finir sa carrière à Bordeaux, Guingamp, et enfin dans des clubs amateurs. Il est aujourd'hui entraîneur.

La main de Dieu d'un gamin en or

Le quart de finale opposant l'Argentine à l'Angleterre a lieu le 22 juin 1986. Soudain, sur un centre adressé par Valdano, Maradona s'élève plus haut que tout le monde et marque… de la main, déclenchant la fureur des Anglais. C'est la « main de Dieu » qui a marqué, dira-t-il. Quelques minutes plus tard, il trompe de nouveau la vigilance du gardien anglais d'un tir du gauche, marquant un des plus beaux buts de la Coupe du monde. C'est aussi pour cela qu'il était surnommé « El Pibe de Oro » : le gamin en or.

Seul l'arbitre n'a pas vu la main de Maradona !

1990 en Italie

Champion : l'Allemagne, vainqueur en finale de l'Argentine 1 à 0. But sur penalty pour l'Allemagne : Brehme. Match terne pour les Allemands qui disputent leur troisième finale consécutive. La RFA avait disputé les qualifications, mais c'est l'Allemagne réunifiée qui remporte le trophée, comme un hymne à la paix.

l'Allemand Rudi Völler plus haut que les Argentins en finale 1990

La sensation africaine

Le match d'ouverture oppose le Cameroun au tenant du titre, l'Argentine, grande favorite. Mais la sélection sud-américaine s'incline face aux Camerounais qui durcissent le jeu, terminent le match à 9 et l'emportent 1 à 0, créant la première sensation de la compétition.

Toujours plus loin

Le Cameroun s'impose ensuite contre la Roumanie et la Colombie sur le même score de 2 buts à 1, avec pour seul buteur, le fantastique Roger Milla !

Lothar Matthäus

Né en 1961 (Allemagne)
Milieu de terrain

Il atteint le plus haut niveau international assez tard. Il prend une autre dimension lors de son transfert à l'Inter Milan, dont il est le maître à jouer. En 1992, il revient en Allemagne et occupe le poste de libero au Bayern Munich. Attiré un temps par les dollars américains, il part jouer dans le New Jersey. Quand il revient en Europe, il passe de l'autre côté de la barrière en qualité d'entraîneur. Il compte 150 sélections en équipe d'Allemagne !

Diego Maradona

Né en 1960 (Argentine) – Attaquant

Parti des quartiers misérables de Buenos Aires en Argentine, ce génie du football devient un jour roi de Naples et empereur du football. D'une habileté diabolique, ce petit gabarit subjugue tous les défenseurs qu'on lui oppose, même les plus grands. Si rien ne pourra jamais altérer le souvenir de ses exploits, il est dommage que ses excès en tout genre aient terni sa gloire et mis un terme prématuré à sa carrière.

1994 aux États-Unis

Champion : le Brésil, vainqueur de l'Italie 3 à 2 aux tirs au but, à l'issue d'un match nul 0 à 0. Alors que l'on attendait une grande finale, le match est décevant. Le Brésil, moins offensif mais plus « réaliste », remporte son quatrième titre aux tirs au but, une première dans l'histoire de la Coupe.

La finale 1994 s'est jouée aux tirs au but pour la première fois de l'histoire de la Coupe du monde.

Milla le vieux lion

Le Camerounais Roger Milla est devenu le plus vieux buteur de la Coupe du monde en inscrivant un but contre l'Angleterre le 28 juin 1994, à l'âge de 42 ans et 38 jours !

Vous avez dit soccer ?

Les États-Unis accueillent pour la première fois une phase finale de Coupe du monde. La sélection américaine réussit son entrée en matière en battant la Colombie, une victoire qui provoque un immense engouement. Puis, le 4 juillet 1994, devant 85 000 spectateurs, la sélection américaine réalise un match formidable contre les futurs champions : les Brésiliens. Elle s'incline certes 0 à 1, mais ce jour-là des millions d'Américains s'enthousiasment pour un sport de ballon rond qu'ils appellent « soccer ».

L'assassinat de « Señor auto-gol »

Après avoir perdu son premier match de poule, la Colombie doit gagner la rencontre qui l'oppose aux États-Unis. Hélas, le défenseur Andres Escobar dévie une frappe de John Harkes dans ses propres filets. La Colombie est éliminée. 2 semaines plus tard, sur le parking d'une boîte de nuit à Medellin, un illuminé s'approche de la voiture d'Escobar, le traite de « señor auto-gol » et l'assassine de 12 balles de revolver. Il avait 27 ans et son seul tort était d'avoir marqué un but contre son camp !

Romario

Né en 1966 (Brésil)
Attaquant

C'est un chasseur de buts fantastique et fantasque, véritable héros dans son pays, après la victoire du Brésil en Coupe du monde 1994 aux États-Unis ; victoire dont il fut l'un des artisans principaux avec 5 buts.

1998 en France

Champion : la France, vainqueur du Brésil 3 à 0. Buts pour la France : Zidane (2), Petit. Dans leur Stade de France, devant 80 000 spectateurs et des centaines de millions de téléspectateurs, les Bleus de Jacquet ne laissent aucun espoir à des Brésiliens déboussolés. Zidane, en marquant 2 buts, s'installe en haut de la hiérarchie mondiale du football.

Une finale tant espérée

La Coupe du monde est revenue en France 50 ans après sa première apparition sur les pelouses françaises. La finale entre la France et le Brésil arrive le 12 juillet 1998. Les Bleus espèrent leur premier sacre, les Brésiliens visent un cinquième titre !

Ronaldo

Né en 1976 (Brésil) – Attaquant

À 17 ans seulement, il intègre la sélection nationale du Brésil. Considéré par beaucoup comme le fils spirituel de Pelé, ce joueur de grand talent, vif, puissant et lucide connaît une ascension très rapide vers les plus hauts sommets. Malgré de multiples blessures, notamment au genou, il reste l'un des plus grands attaquants du football.

La France enfin championne du monde !

Zorro est arrivé

Le Brésil aligne ses stars : Leonardo, Roberto Carlos, Ronaldo, Rivaldo ou Bebeto. La France n'est pas favorite, mais elle compte un joueur d'exception. Sa tête magique transperce les filets brésiliens à 2 reprises, en première mi-temps. Zorro est arrivé ! Il se nomme Zinedine Zidane et vient d'entrer dans la légende du foot mondial.

Une première étoile

Après cette victoire retentissante, le football français entre au firmament du football mondial et les Bleus, champions du monde, deviennent des stars convoitées.

Tous Bleus

Jamais la France n'a connu une telle effervescence autour du football. Le pays tout entier, hommes, femmes et enfants fêtent la première étoile de leurs héros durant des jours. Des milliers d'enfants, filles et garçons, s'inscrivent dans les écoles de football qui sont submergées par les demandes. La France devient bleue.

la tête d'or de Zorro : Zinedine Zidane

Fabien Barthez

Né en 1971 (France)
Gardien de but
S'il avait suivi la voie familiale, il aurait joué au rugby. Il choisit le foot pour le plus grand bonheur des clubs qui l'accueillent et de l'équipe de France. Intuitif, rapide, excellent dans la surface et doté d'un très bon jeu au pied, il s'impose comme l'un des meilleurs gardiens de la planète.

Zinedine Zidane

Né en 1972 (France)
Milieu de terrain et attaquant
Il est l'un des meilleurs joueurs français. Né à Marseille, originaire d'Algérie, il réussit avec les Bleus le doublé historique Coupe du monde et championnat d'Europe. Auteur de nombreux coups d'éclat, il enchante les supporters de la Juventus de Turin, avant de rejoindre le Real Madrid lors d'un des plus gros transferts de l'histoire du football. Il prend sa retraite en 2006.

Une génération

20 ans sont nécessaires pour voir s'affirmer une nouvelle génération de grands footballeurs dans un pays. C'est exactement la durée qui sépare la première étoile française de la seconde, obtenue en Russie avec les stars Mbappé, Griezmann ou Pogba. Ce sera en 2018, mais c'est une autre histoire.

2002 en Corée et au Japon

cinquième étoile pour le Brésil et ses artistes du ballon rond

Champion : le Brésil, vainqueur de l'Allemagne 2 à 0. Buts : Ronaldo (2). Pour la première fois de son histoire, la Coupe du monde se dispute en Asie et dans 2 pays différents. Le Brésil obtient son cinquième sacre grâce aux talents conjugués de Ronaldo, de Ronaldinho et aussi de l'incroyable Roberto Carlos. L'Allemagne perd sa quatrième finale !

David Beckham

Né en 1975 (Angleterre)
Milieu de terrain

Joueur doué, élégant et efficace, mais parfois fantasque, l'homme aux multiples « looks » est celui que l'Angleterre attendait depuis Bobby Charlton. Il incarne le football moderne du début du XXIe siècle dont il est une star incontestée dans le monde entier. Il finit sa carrière en Californie, aux pays du soccer et du cinéma.

Aux pays du Matin calme et du Soleil levant

Lorsque la Fédération internationale de football annonce, en mai 1995, que la phase finale de la Coupe du monde 2002 va se dérouler en Corée et au Japon, elle provoque la stupéfaction générale. D'une part, l'Asie n'est jamais apparue comme étant prête à accueillir la plus grande compétition mondiale de ballon rond. D'autre part, comment faire cohabiter 2 pays si longtemps en guerre, 2 puissances économiques concurrentes ? Et pourtant... C'est là une belle Coupe du monde qui installe la Corée et le Japon dans le concert mondial. Une grande victoire pour le football.

2006 en Allemagne

Champion : l'Italie, vainqueur en finale de la France 1 à 1 (5 tirs au but à 3). But pour la France : Zidane. Pour l'Italie : Materazzi. L'Italie conquiert sa quatrième étoile. L'Argentine séduit sans parvenir à ses fins, les stars du Brésil sont éteintes, l'Allemagne est trop tendre. Le Portugal et l'Australie, à un degré moindre, surprennent agréablement.

Materazzi, héros italien d'une finale à rebondissements

Zidane vient de commettre son geste regrettable : Materazzi est à terre.

Zidane fait la tête

Héros de la finale de 1998 pour 2 fantastiques coups de tête victorieux, Zinedine est aussi le héros de la finale 2006 avec un autre coup de tête, mais dans la poitrine de Materazzi, un défenseur italien. Le formidable stratège français, l'un des meilleurs techniciens du monde balle au pied, entre dans la légende grâce à sa tête pour un résultat contrasté : 2 buts en 1998 et un titre de champion du monde, une expulsion en 2006 et une finale perdue.

Lilian Thuram

Né en 1972 (France) – Défenseur

À l'issue d'un Euro 2004 raté, il tire sa révérence. Mais le début des éliminatoires assez hésitant des Français et l'insistance du sélectionneur Raymond Domenech le font sortir de sa retraite internationale. Disposant d'une formidable vision du jeu et d'un sens aigu du placement, Thuram participe activement à la qualification puis au parcours presque sans faute des Bleus.

Michael Ballack

Né en 1976 (Allemagne) Milieu de terrain

Né et formé en Allemagne de l'Est il s'est imposé comme meneur de la Mannschaft en tant qu'excellent récupérateur, distributeur, organisateur et buteur. Il est de la lignée des 2 grands d'Allemagne : Beckenbauer et Matthäus.

2010 en Afrique du Sud

la sélection espagnole, incontestable championne du monde

Champion : l'Espagne, vainqueur en finale des Pays-Bas 1 à 0. But : Iniesta. Pour la première fois de son histoire le continent africain organise la Coupe du monde, et c'est à l'Afrique du Sud que revient cet honneur : une formidable réussite sportive et populaire.

Andrés Iniesta

Né en 1984 (Espagne) – Milieu de terrain

Sans bruit mais non sans panache, l'Espagnol s'est imposé parmi les meilleurs joueurs du monde. Remarquable technicien, il est un organisateur, un meneur et un passeur incomparable. Meilleur joueur et unique buteur de la finale de la Coupe du monde 2010, il possède l'un des plus beaux palmarès de l'histoire du football avec ses titres à l'Euro 2008, au Mondial 2010 et à l'Euro 2012 !

Un sacre mérité

L'Espagne a grandement justifié son statut de favorite en remportant cette Coupe du monde. Pourtant, la finale a dû attendre les prolongations pour désigner son vainqueur tant les Pays-Bas furent de coriaces adversaires. Le Brésil, l'Argentine, l'Angleterre et surtout l'Italie et la France ont fait pâle figure et ont énormément déçu. Les nations africaines n'ont pas réalisé leur ambition de bien figurer sur leur continent, à l'exception du Ghana, éliminé en quart de finale, aux tirs au but.

Une musique infernale

Les vuvuzelas ont fait le buzz en Afrique du Sud. Toutes les rencontres sont accompagnées par le son infernal de ces trompettes colorées de 70 cm de long, gênant même les communications entre les entraîneurs et leurs joueurs sur le terrain.

2014 au Brésil

Champion : l'Allemagne, vainqueur en finale de l'Argentine 1 à 0. But : Götze. Dans le mythique stade Maracanã, à Rio, l'Allemagne rencontre pour la troisième fois l'Argentine en finale de la Coupe du monde et remporte la belle après une défaite en 1986 et une victoire en 1990.

le but de la victoire allemande

L'Allemagne sans trembler

L'Espagne, tenante du titre et de nouveau favorite avec le Brésil, ne tient pas son rang. L'Allemagne et l'Argentine, en embuscade, tirent parfaitement leur épingle du jeu en atteignant la finale en toute logique, la Mannschaft l'emportant de justesse au cours des prolongations, ajoutant une quatrième étoile sur son maillot. La France, en reconstruction, réalise une belle Coupe du monde, de même que la Belgique et 2 nations latines, le Costa Rica et la Colombie, ces 4 équipes s'inclinant en quart de finale avec les honneurs.

Un peuple en plein désarroi

Le Brésil, pays organisateur et pays où le football est roi, voulait gagner *sa* Coupe du monde. Hélas, l'aventure des Auriverde se termine en demi-finale par une incroyable défaite 7 buts à 1 face à l'Allemagne, future championne du monde. Le désespoir gagne le peuple brésilien, qui vit cet affront comme une immense humiliation.

a détresse d'un grand-père brésilien consolé par sa petite-fille

Lionel Messi

Né en 1987 (Argentine) – Attaquant

Assurément le meilleur joueur du monde, peut-être le plus grand attaquant de tous les temps. Ballon d'or 5 années consécutives, attaquant insaisissable capable de marquer après avoir traversé le terrain balle au pied, Lionel Messi est une star incontestée dans le monde du ballon rond. Il fait les beaux jours de la sélection argentine, mais surtout du FC Barcelone, club pour lequel il est un fantastique buteur.

Les 5 meilleurs buteurs en Coupe du monde

Miroslav Klose	Allemagne	16 buts	en 4 participations
Ronaldo	Brésil	15 buts	en 3 participations
Gerd Müller	Allemagne	14 buts	en 2 participations
Just Fontaine	France	13 buts	en une seule participation
Pelé	Brésil	12 buts	en 4 participations

2018 en Russie

Champion : la France, vainqueur en finale de la Croatie 4 à 2. Buts pour la France : Mandzukic (contre son camp), Griezmann, Pogba et Mbappé. Pour la Croatie : Perisic, Mandzukic. Classés parmi les favoris, les Bleus ont justifié les pronostics en l'emportant sur une très belle équipe de Croatie.

La seconde étoile

La France, certes a conquis sa seconde étoile au terme d'une compétition bien maîtrisée, mais un seul homme parmi la délégation tricolore peut se vanter d'avoir gagné 2 fois la Coupe du Monde : Didier Deschamps, sur le terrain en 1998 et en qualité de coach en 2018.

La Belgique déçue

C'était peut-être la nation favorite. Bien construite autour de Thibault Courtois ou Meunier, elle pouvait aller au bout de la compétition pour la première fois de son histoire. Pour cela, il ne fallait pas rencontrer, en demi-finale, la France qui s'avéra plus réaliste.

Luka Modric

Né le 9 septembre 1985 (Croatie) Milieu de terrain

Ponctuée par un troisième titre de Champion d'Europe avec le Real Madrid, une finale de la Coupe du Monde avec la Croatie et l'obtention du Ballon d'or, l'année 2018 fut fantastique pour ce formidable manieur de ballon.

Les Bleus fêtent leur titre sous la pluie battante de Moscou.

Kilian Mbappé

Né le 20 décembre 1998 (France) – Attaquant

Champion de France à 18 ans puis Champion du Monde à 19 ans, Kilian s'est installé au firmament du football mondial à l'âge ou certains sont encore en centre de formation. Attaquant véloce et très technique, il mystifie les défenses qui s'opposent à lui, en équipe de France ou avec le PSG, qu'il a rejoint en 2017.

Des grands au tapis

Les Pays-Bas et l'Italie non qualifiés pour la phase finale, l'Allemagne éliminée en poule, l'Espagne et l'Argentine éliminées en huitième de finale et le Brésil sorti en quart de finale, la route est dégagée pour d'autres nations, la France et l'Angleterre, ou encore la Belgique et la Croatie.
La finale oppose une superbe équipe de Croatie, emmenée par un Luka Modric étincelant, à l'équipe de France emmenée par ses stars Paul Pogba, Antoine Griezmann et Kilian Mbappé qui donnent la victoire aux bleus en marquant tous les 3.

Les Coupes du monde féminines

les Américaines, championnes du monde pour la troisième fois en 2015

Depuis 1991 se dispute, tous les 4 ans, la Coupe du monde féminine. La première édition s'est disputée en Chine et la dernière, celle de 2019, en France.

De 12 à 24 nations

Les premières éditions de cette Coupe accueillent seulement 12 pays, puis, face au développement important du football féminin et à l'éveil d'un grand nombre de nations à ce type de football au début du XXIe siècle, le nombre des pays qualifiés pour la phase finale est porté à 24. Pour accéder à la phase finale de 2019, 143 équipes ont disputé des tours préliminaires dans leur propre fédération continentale. Le pays organisateur est automatiquement qualifié pour la phase finale.

Le soccer au firmament

Fortement concurrencé par le football américain, le basketball ou encore le baseball, le *soccer*, ainsi qu'on appelle le football outre-Atlantique, n'a jamais vraiment pu s'imposer chez les garçons. Par contre, l'équipe féminine américaine s'est rapidement imposée au plus haut niveau mondial, remportant la Coupe du monde à 3 reprises, en 1991, 1999, 2015 et 2019.

Quand la défense américaine prend le dessus sur l'attaquante japonaise.

l'équipe de France féminine de la Coupe du monde 2019

Les Allemandes comme les garçons

En Europe, le football féminin s'est imposé dans les pays nordiques : la Norvège a remporté le titre en 1995. Mais c'est surtout l'Allemagne qui domine le continent, les filles imitant les garçons en remportant 2 titres mondiaux en 2003 et 2007. Grandes favorites en 2011, elles s'inclinent en quart de finale contre le Japon, qui devient le premier pays asiatique à conquérir pour une Coupe du monde.

Le palmarès

1991	États-Unis
1995	Norvège
1999	États-Unis
2003	Allemagne
2007	Allemagne
2011	Japon
2015 et 2019	États-Unis

En 2019, en France

Championne du monde en titre chez les garçons, la France accueille la Coupe du monde féminine 2019. Un fantastique engouement accompagne la compétition, le public du monde entier est au rendez-vous, le football est de très bon niveau. Assurément, le foot féminin conquiert définitivement ses lettres de noblesse au pays de Louis XIV, de Zidane et de Mbappé.

La quatrième étoile

On attendait les États-Unis, l'Allemagne, la France ou encore le Japon. Si les Américaines sont au rendez-vous, ce sont les Anglaises, les Suédoises et les Néerlandaises qui complètent le dernier carré. Au terme d'une finale maîtrisée, les États-Unis remportent leur quatrième titre en dominant les Pays-Bas (2 à 0) grâce, notamment, à Megan Rapinoe, la star incontestée de la compétition.

la Française Gaëtane Thiney, 58 buts en sélection, série en cours...

PMU
Intermarché
12

Le carton jaune signifie un avertissement, même pour les plus récalcitrants, comme ici l'équipe de Saint-Étienne.

AU NOM DES LOIS

Depuis sa naissance au début du XIXe siècle, le football a connu de nombreuses évolutions. C'est devenu un sport structuré et pratiqué sur des terrains identiques, avec les mêmes règles suivies par des millions de joueurs sur les 5 continents.

1re et 2e lois

17 lois encadrent le football. Elles doivent être connues de tous. Sans elles, aucune compétition ne peut se dérouler normalement. Imagine que le football se joue à 11 dans un pays et à 19 dans un autre ! Les 2 premières règles concernent le terrain et le ballon.

le stade et son terrain de jeu

1re loi : le terrain de jeu

Un terrain de foot est un rectangle dont les dimensions officielles peuvent varier de 45 à 90 m pour la largeur et de 90 à 120 m pour la longueur. Il est délimité par des lignes qui font partie de l'aire de jeu. Cette dernière est divisée en 2 parties situées chacune de part et d'autre de la ligne médiane. Chaque partie comprend une surface de réparation et une surface de but.

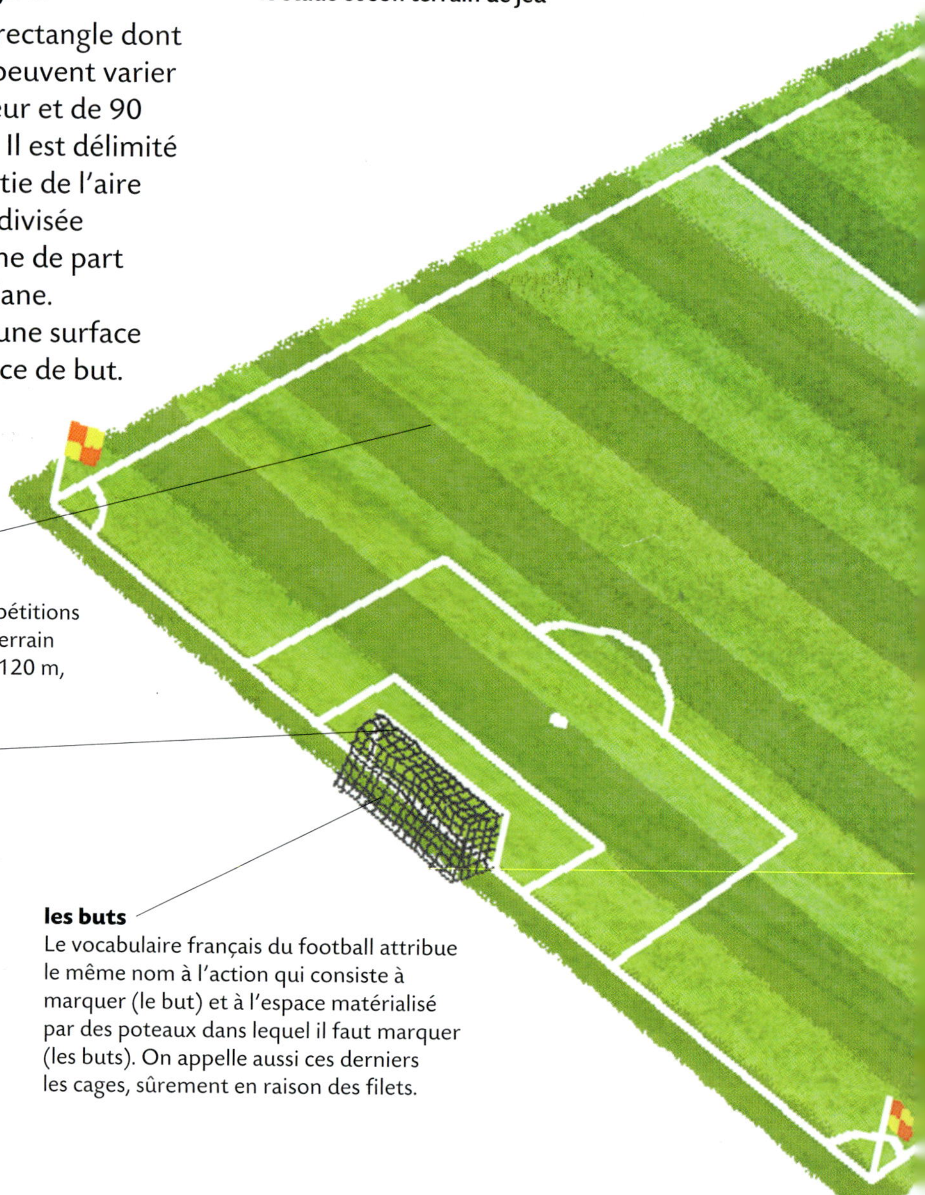

des lignes variables
Les dimensions du terrain ne sont pas figées. Pour les compétitions internationales, la longueur du terrain doit être comprise entre 110 et 120 m, et la largeur entre 64 et 75 m.

des filets bien accrochés
D'un diamètre de 12 cm, les montants et la barre transversale sont ronds. Les filets sont solidement attachés afin de ne laisser aucun espace : le ballon ne peut donc pas pénétrer dans la cage par les côtés ou le dessus.

les buts
Le vocabulaire français du football attribue le même nom à l'action qui consiste à marquer (le but) et à l'espace matérialisé par des poteaux dans lequel il faut marquer (les buts). On appelle aussi ces derniers les cages, sûrement en raison des filets.

9,15 !

C'est la distance minimale à laquelle doivent se tenir les adversaires lors des coups francs, directs ou indirects, du coup d'envoi ou du penalty. C'est pourquoi l'arc de cercle de la surface de réparation et le rond central développent un rayon de 9,15 m.

Les drapeaux de coin délimitent les extrémités du terrain, ils culminent à 1,50 m du sol et font partie intégrante de l'aire de jeu.

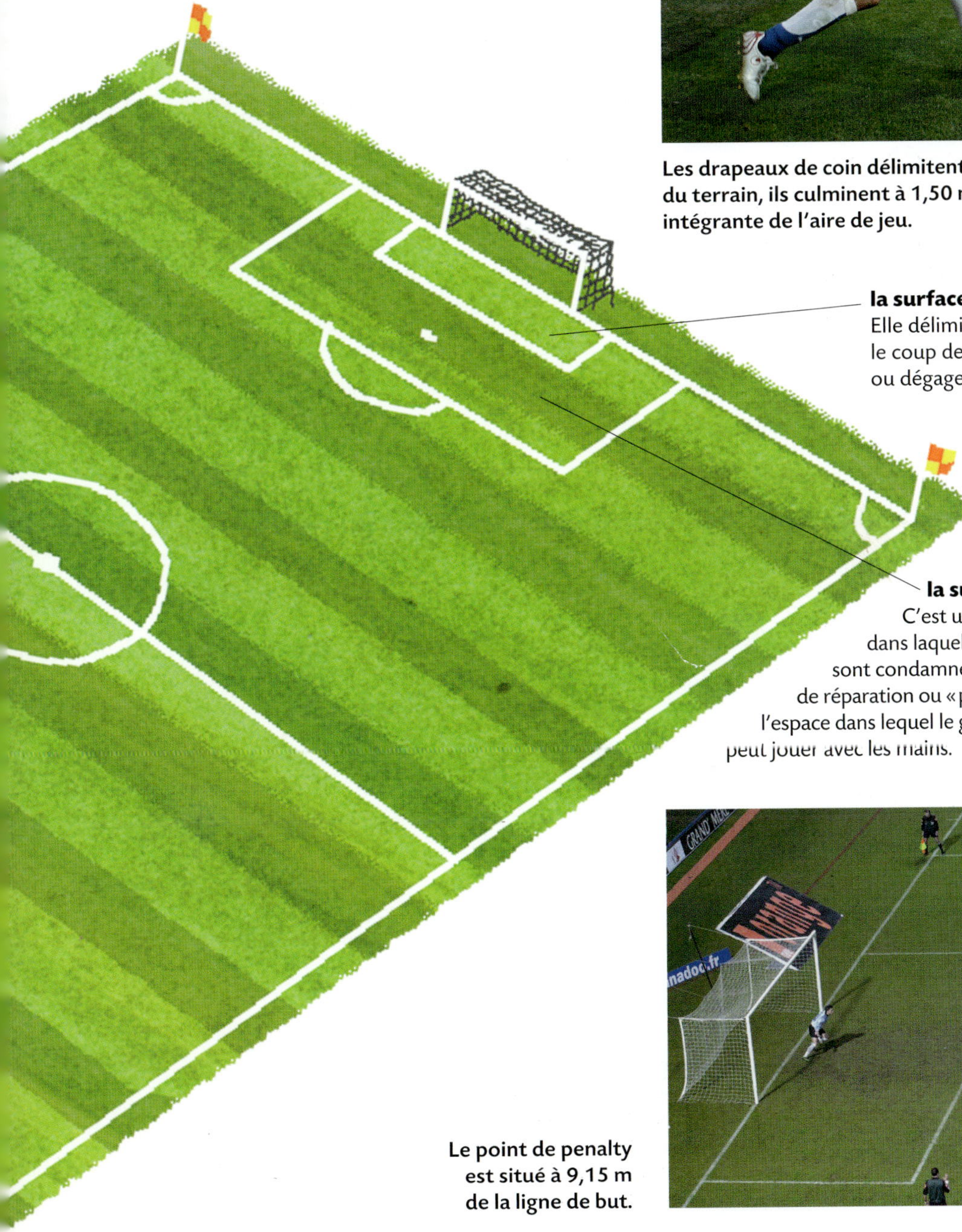

la surface de but
Elle délimite l'espace dans lequel le coup de pied de but, ou dégagement, peut s'effectuer.

la surface de réparation
C'est une surface « sensible » dans laquelle les fautes commises sont condamnées d'un coup de pied de réparation ou « penalty ». C'est aussi l'espace dans lequel le gardien de but peut jouer avec les mains.

Le point de penalty est situé à 9,15 m de la ligne de but.

terrains identiques pour les débutants, même sous la neige : ici au Japon

Les terrains pour les jeunes

Les dimensions des terrains et des buts sont évidemment différentes pour les catégories de jeunes, des U6 aux U9.

Le foot à 7 ou à 9

Les U10, U11, U12 et U13 évoluent généralement sur une moitié de grand terrain, dans le sens de la largeur, ou sur un terrain spécialement conçu pour eux. La surface de réparation de 13 m de large couvre toute la largeur du terrain. La règle du hors-jeu ne s'applique que dans cette surface.

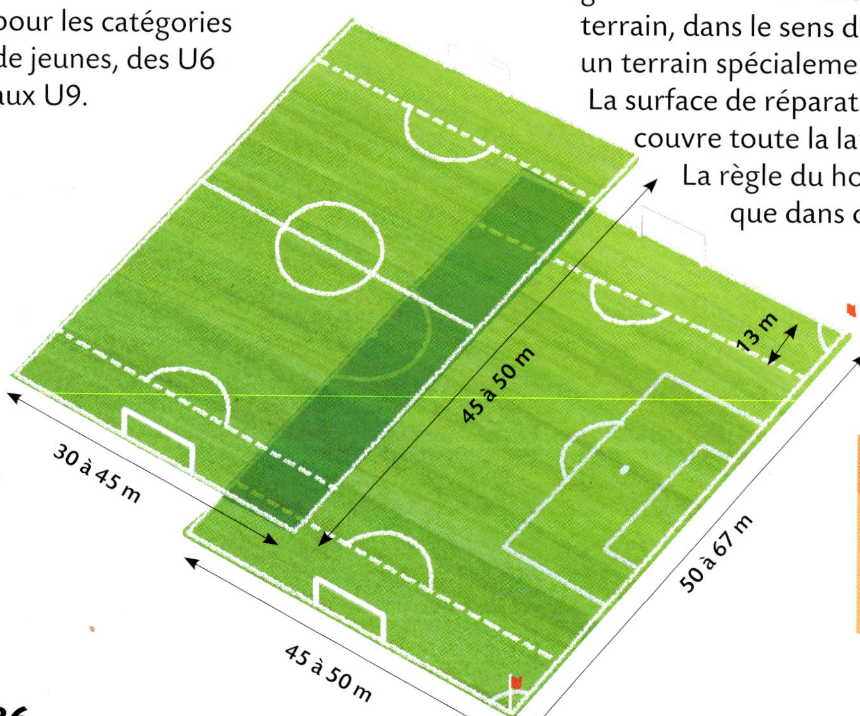

Les cages

Pour le football à 7 ou à 9, elles sont de 2,10 m de haut sur 6 m de large.

Le foot à 5

Le grand terrain peut être divisé en 4 parties. Le point de réparation se situe sur la ligne de surface de réparation à 6 m de la ligne de but. Les buts sont souvent constitués de 2 poteaux d'une hauteur de 2 m.

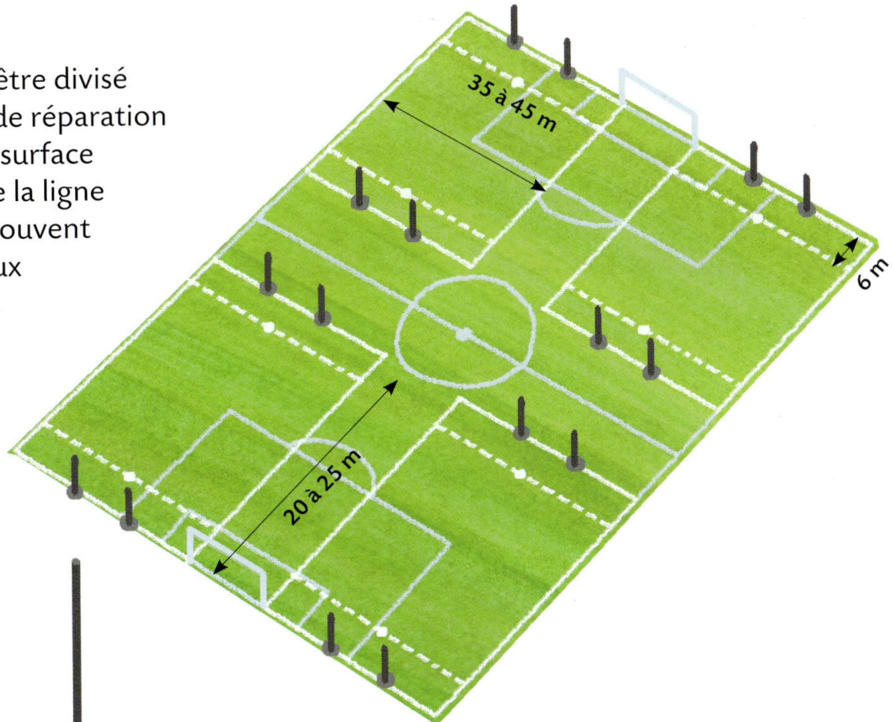

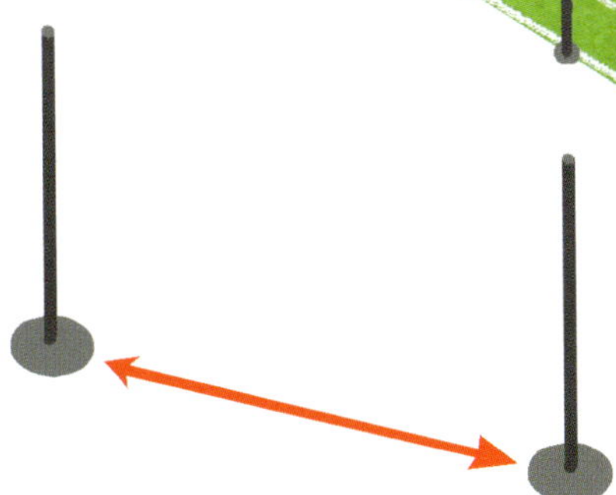

poteaux représentant les buts : 4 m × 1,80 m

2e loi : le ballon

Le ballon est rond ! Sa circonférence doit être comprise entre 68 et 70 cm et son poids entre 396 et 453 g.

Taille et poids adaptés

Il existe plusieurs ballons. Celui des adultes porte le n° 5, ceux des catégories inférieures portent les n° 4 et 3. Adaptés aux morphologies des jeunes joueurs, ils sont moins lourds et leur circonférence est plus petite.

Heureusement, les ballons actuels sont imperméables.

les 11 titulaires français et italiens alignés avant le coup d'envoi de la finale de la Coupe du monde 2006

3e loi : le nombre de joueurs

Un match se déroule à 11 contre 11, soit 22 joueurs.

1 + 1 + 1 + 1...

Le football se pratique à 11 joueurs présents sur le terrain, plus un certain nombre de remplaçants. Généralement, 3 remplacements sont autorisés dans les compétitions officielles et le nombre de remplaçants inscrits sur la feuille de match est de 5 ou 7. Cela peut varier dans certaines confrontations amicales, lorsque les entraîneurs se sont préalablement entendus.

Des remplaçants précieux

Les remplacements interviennent sur blessure ou sur décision de l'entraîneur. Le remplaçant ne peut pas pénétrer sur le terrain sans l'autorisation de l'arbitre et tant que le remplacé n'est pas sorti. Un joueur remplacé ne peut pas revenir sur le terrain.

Chez les jeunes

Le foot à 5 : 4 joueurs de champ et 1 gardien, plus 3 remplaçants.
Le foot à 7 : 6 joueurs de champ et 1 gardien, plus 3 remplaçants.
Le foot à 9 : 8 joueurs de champ et 1 gardien, plus 3 remplaçants.
Un joueur remplacé peut devenir remplaçant à son tour et revenir sur le terrain si l'entraîneur le souhaite.

Exclusion

Un joueur exclu par l'arbitre ne peut pas être remplacé et doit quitter l'aire de jeu. Il ne peut en aucun cas s'asseoir sur le banc des remplaçants, qui sont considérés comme étant « en jeu ».

C'est bien souvent sur le banc des remplaçants que se trouve la clé d'un match.

4e loi : l'équipement des joueurs

L'équipement distinctif des joueurs est constitué d'un maillot, d'un short, de chaussettes et de chaussures.

Multicolores

Les 2 équipes doivent présenter des tenues différentes pour être distinguées par les arbitres. Les gardiens de but doivent aussi porter une tenue distinctive, différente de celles de leurs partenaires et des arbitres qui, eux aussi, portent désormais des tenues de couleur !

Obligatoires !

Les protège-tibias sont obligatoires. On les glisse dans les chaussettes et on les maintient par des bandes à scratch autour des mollets. Ils évitent les blessures sur l'avant de la jambe et les fractures du tibia et du péroné, des os très exposés aux chocs.

Les crampons

Les chaussures de foot se présentent sous plusieurs aspects et s'utilisent en fonction de la qualité du sol de l'aire de jeu. La longueur maximale autorisée pour des crampons vissés est de 16 mm.

pour terrains souples ou lourds

6 crampons aluminium vissés.

8 crampons triangulaires latéraux

pour terrains secs

10 crampons plastique vissés ou moulés.

pour terrains stabilisés

multitude de crampons caoutchouc

L'arbitre principal est garant de l'application des lois du jeu.

5e loi : l'arbitre

Il représente l'autorité et est chargé de faire appliquer et respecter les lois du jeu, avant, pendant et après le match.

Des responsabilités

Il vérifie avec ses assistants la conformité du terrain, des licences, des tenues et du ballon. Pendant le match, il fait appliquer les règles et gère le temps de jeu. Il peut décider de l'interrompre à tout moment s'il le juge utile, pour blessure grave ou incident majeur. Il valide les remplacements, note les buts marqués ainsi que les avertissements et les expulsions. L'arbitre a aussi autorité sur les bancs de touche et peut intervenir aussi bien auprès des remplaçants que des entraîneurs.

Sans appel

Les décisions de l'arbitre sont sans appel. Il peut certes se tromper, mais les contestations sont superflues. Inutile donc d'affaiblir ton influx nerveux et ton énergie en vaines palabres.

6e loi : les arbitres assistants

Ils évoluent le long de la ligne de touche, de chaque côté du terrain.

Le drapeau est l'accessoire indispensable de l'arbitre assistant.

Pas de sifflet mais un drapeau

Ils sont chargés de signaler les positions de hors-jeu et de désigner l'équipe bénéficiaire d'une rentrée de touche ou d'un coup de pied de coin. Ils ont aussi pour mission d'assister l'arbitre dans toutes les applications des lois du jeu, avant et pendant le match. L'arbitre assistant ne dispose pas d'un sifflet mais d'un drapeau qu'il agite de façon réglementée.

6 arbitres

Lors de certaines compétitions, l'arbitre central est assisté par 5 autres arbitres : les assistants (touche), le quatrième arbitre chargé des remplacements et de l'annonce des temps additionnels, ainsi que 2 arbitres de surface, dont la mission est de signaler les fautes commises dans la dite surface. Malgré cela, l'arbitrage reste faillible.

Le VAR

L'assistance vidéo à l'arbitrage est utilisée pour assister l'arbitre central dans des décisions difficiles. Les arbitres vidéo peuvent intervenir à tout moment mais la décision finale revient à l'arbitre central.

Le temps de jeu et le score s'affichent sur le tableau lumineux du stade.

7e et 8e lois

L'arbitre siffle le coup d'envoi de la partie : les joueurs ont 90 minutes pour gagner !

7e loi : la durée de la partie

Un match de football dure 90 minutes de jeu effectif, soit 2 périodes de 45 minutes. L'arbitre peut comptabiliser des arrêts de jeu pendant ce temps réglementaire et les ajouter sous forme de temps additionnel à l'issue de chaque période.

Les prolongations

Dans le cadre de compétitions qui doivent désigner un vainqueur, si le score est nul à l'issue du temps réglementaire, des prolongations (2 fois 15 minutes) peuvent être jouées. Si le score est encore nul à l'issue de celles-ci, on procède alors à la séance de tirs au but.

Durée des matchs chez les jeunes

- U14 et U15 (garçons) : 2 fois 40 min
- U14 et U15 (filles) : 2 fois 35 min
- U12 et U13 (garçons et filles) : 2 fois 30 min
- U8 à U11 (garçons et filles) : 50 min en plateau
- U6 et U7 (garçons et filles) : 40 min en plateau

8e loi : le coup d'envoi

C'est l'action qui consiste à mettre le ballon en jeu au début de chaque période et après chaque but marqué.

C'est parti !

L'équipe gagnant le tirage au sort choisit son camp et c'est l'équipe adverse qui met en jeu. Le coup d'envoi est donné dès que le ballon est touché ! Le joueur donnant le coup d'envoi ne peut récupérer le ballon sans que celui-ci n'ait été touché par un partenaire ou un adversaire. Au moment du coup d'envoi, les adversaires doivent se tenir dans leur camp au-delà du cercle central.

dans l'attente du coup de sifflet de l'arbitre au début de la partie

9e loi : le ballon en jeu et hors du jeu

Le ballon est en jeu lorsqu'il se situe, durant la partie, dans l'aire de jeu, au sol ou en l'air.

Attention lignes blanches !

Les lignes de touche et de but font partie de l'aire de jeu. Le ballon n'est hors du jeu que lorsqu'il a totalement franchi ces lignes. Si le ballon rebondit sur la hampe d'un drapeau de coin et revient sur le terrain, il est toujours en jeu. Il reste aussi en jeu s'il touche l'arbitre.

Bernardo Silva empêche le ballon de franchir la ligne de touche.

La balle à terre

Lorsqu'un incident majeur intervient, la blessure d'un joueur ou l'intrusion d'un objet ou d'un spectateur sur le terrain, l'arbitre peut interrompre à tout moment le jeu sans qu'une infraction aux lois du jeu n'ait été constatée. Dans ce cas, le ballon est remis en jeu par « une balle à terre » entre 2 joueurs. Le ballon est en jeu dès qu'il touche terre.

L'arbitre vient de lâcher le ballon : dès que celui-ci touche terre, il est en jeu et peut être disputé.

La ligne de but est franchie, le filet se tend : le but est marqué !

10e loi : le but marqué

Marquer un but, voilà la finalité du jeu de football, mais il faut respecter scrupuleusement la 10e loi pour qu'il soit validé !

Buuuut !

Un but est marqué lorsque le ballon a totalement franchi la ligne de but, au sol ou en l'air, entre les montants et sous la barre transversale des buts. Il est validé seulement si l'action qui l'a amené n'a pas enfreint les lois du jeu.

Directement

Sais-tu que tu peux marquer un but directement sur coup d'envoi ? Rien n'oblige en effet un joueur qui l'effectue à adresser une passe à un partenaire ! Tu peux aussi marquer un but directement sur coup de pied de coin (corner) sans qu'un partenaire ou un adversaire ne touche le ballon. Par contre, tu ne peux pas marquer directement sur une rentrée de touche, effectuée avec les mains.

11e loi : le hors-jeu

Le joueur est en position de hors-jeu si, à l'instant où le ballon lui est transmis par un partenaire, il se trouve dans la partie adverse, au-delà des défenseurs, entre eux et le gardien de but.

Difficile à apprécier

Le hors-jeu doit se juger en un centième de seconde au moment où le ballon quitte les pieds du passeur, qui peut se trouver parfois à plusieurs dizaines de mètres du receveur ! Un joueur recevant le ballon en position de hors-jeu, alors qu'il ne l'était pas au départ de l'action, n'est pas sanctionné. C'est la même chose pour un joueur en position de hors-jeu mais qui, selon l'arbitre, n'influence pas le jeu ou ne tire pas profit de cette situation.

Cas particuliers

Même en position théorique de hors-jeu, un joueur n'est pas sanctionné s'il reçoit le ballon d'un adversaire ou d'un partenaire sur une rentrée de touche, un coup de pied de coin (corner) ou un coup de pied de but (dégagement).

La sanction

C'est un coup franc indirect. On l'accorde à l'équipe adverse à l'endroit même de la position signalée, ou à n'importe quel endroit de la surface de but si le hors-jeu a été signalé dans cette zone.

Hors-jeu chez les jeunes

Pour le football à 5, il n'existe pas de hors-jeu. Pour le football à 7 et à 9, le hors-jeu ne peut être sifflé que dans la surface de réparation, à l'intérieur de la limite des 13 m. Pour le foot à 11, la même règle que celle des adultes s'applique.

À l'instant où Zidane expédie le ballon à son coéquipier Ronaldo, celui-ci, situé au-delà des défenseurs adverses, est en position de hors-jeu.

hors-jeu

bonne position

bonne position

Attention : l'attaquant faisant action de jeu et situé sur la même ligne que le dernier défenseur n'est pas hors-jeu.

12e loi : les fautes et les incorrections

L'enjeu d'une rencontre, la peur de perdre, l'envie de gagner, la précipitation, l'emportement et souvent la bêtise poussent les joueurs à commettre des fautes que l'on sanctionne.

Un tacle par-derrière est une faute excessivement dangereuse.

Les fautes à coup franc direct

Lorsqu'un joueur commet intentionnellement l'une des fautes suivantes, il est sanctionné d'un coup franc direct :
• donner ou essayer de donner un coup de pied à un adversaire ;
• faire tomber ou essayer de faire tomber un adversaire par un croc-en-jambe ;
• sauter sur ou par-dessus un adversaire ;
• charger violemment ou dangereusement un adversaire ;
• charger un adversaire par-derrière ;
• frapper ou essayer de frapper un adversaire ;
• tenir un adversaire ;
• pousser un adversaire ;
• cracher sur un adversaire ;
• prendre ou toucher le ballon avec les mains (sauf pour le gardien de but dans sa surface de réparation).
Si un joueur commet l'une de ces fautes dans sa surface de réparation, il est pénalisé d'un coup de pied de réparation (penalty).

Par un joueur de champ

Un joueur de champ est sanctionné d'un coup franc indirect lorsqu'il :
• joue dangereusement ;
• charge à l'épaule un adversaire qui ne tente pas de jouer le ballon ;
• fait obstruction en s'interposant comme un obstacle entre l'adversaire et le ballon, sans chercher à jouer ce dernier ;
• charge le gardien de but dans sa surface, sauf s'il tient le ballon en main, s'il gêne un adversaire ou s'il évolue en dehors de sa surface de réparation.

Protéger le ballon de son corps avec insistance, sans le jouer et en empêchant l'adversaire de le jouer constitue une obstruction passible d'un coup franc indirect.

Avertissement : le carton jaune

Un joueur est averti dans les cas suivants :
- s'il entre sur le terrain en cours de jeu sans autorisation de l'arbitre ;
- s'il enfreint avec persistance les lois du jeu ;
- s'il a une conduite inconvenante ;
- s'il retarde la reprise du jeu ;
- s'il ne respecte pas les distances sur coup franc ;
- s'il quitte le terrain sans autorisation de l'arbitre ;
- s'il retire son maillot quand il exulte après un but marqué.

Pour un gardien ce but

Un gardien de but est sanctionné d'un coup franc indirect lorsqu'il :
- **retarde le jeu volontairement afin de « gagner » du temps pour favoriser son équipe ;**
- **conserve le ballon en main plus de 6 secondes ;**
- **reprend le ballon avec les mains après l'avoir joué avec les pieds ou après l'avoir lâché sans qu'un adversaire ne l'ait touché entre-temps ;**
- **reprend le ballon avec les mains sur une passe en retrait faite avec les pieds.**

Malgré la protestation du joueur fautif, l'arbitre ne retirera pas son carton jaune.

Exclusion : le carton rouge

Un joueur est exclu dans les cas suivants :
- s'il commet une faute de main volontaire ;
- s'il arrête volontairement le ballon avec les mains en dehors de sa surface de but (gardien de but) ;
- s'il se rend coupable de brutalité ou de conduite violente ;
- s'il commet une faute par-derrière sur un joueur qui s'échappe vers le but ;
- s'il profère des injures ou des grossièretés ;
- s'il anéantit de façon irrégulière une occasion manifeste de but ;
- s'il mérite un deuxième carton jaune.

Permis

Un contre malchanceux qui dévie le ballon des pieds d'un défenseur vers son gardien de but, une passe en retrait de la tête ou une rentrée de touche à destination de ce même gardien ne constituent pas des fautes sanctionnables.

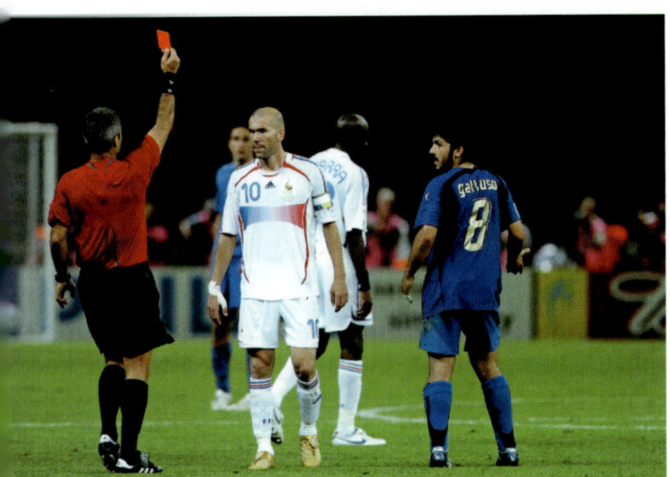

la sanction la plus lourde pour le capitaine français : un carton rouge direct

13e loi : les coups francs

Ils sanctionnent des fautes répréhensibles. Ils peuvent être directs ou indirects.

Superbe coup franc direct : le ballon enroulé va survoler le mur et se diriger vers la lucarne opposée.

Le coup franc direct

L'équipe qui en bénéficie peut expédier directement le ballon dans le but adverse. L'arbitre signale le coup franc direct en indiquant, avec son bras à l'horizontale, la direction du tir.

le coup franc direct

Le coup franc indirect

Le ballon doit toucher un autre joueur avant de pénétrer dans le but. L'arbitre le signale en levant le bras. Généralement, le tireur passe le ballon à un partenaire lors de l'exécution d'un coup franc indirect, mais on a vu certains petits malins tirer directement en espérant que le ballon touche le mur ou les mains du gardien avant de pénétrer dans le but.

Zidane tire un coup franc indirect avec la France contre la Suisse en Coupe du monde 2006.

Dans la surface de but

Un coup franc accordé à l'équipe qui défend à l'intérieur de la surface de but peut être tiré à n'importe quel endroit de la surface. Un coup franc accordé à l'intérieur de la surface de but à l'équipe qui attaque est exécuté sur la ligne qui matérialise cette surface, le plus près possible de l'endroit où la faute a été commise.

14e loi : le coup de pied de réparation ou penalty

Il sanctionne toute faute méritant un coup franc direct commise dans la surface de réparation.

Le penalty est remarquablement tiré. Le gardien plonge sur sa droite, le ballon pénètre dans le but sur sa gauche.

La solitude du tireur

Le ballon est placé au point de réparation situé à 11 m de la ligne de but. Adversaires et partenaires se tiennent en dehors de la surface de réparation, à 9,15 m. Le gardien peut alors bouger sur sa ligne de but, mais ne peut pas avancer vers le ballon avant que celui-ci ne soit frappé. Le tireur a le droit de reprendre le ballon si le gardien le laisse échapper ; il ne peut pas le reprendre si ce sont les poteaux ou la barre transversale qui le renvoient. Il se trouve alors en position de hors-jeu sanctionnable.

Le tir au but

Dans le cas d'égalité du score à l'issue des prolongations, les compétitions officielles qui doivent désigner un vainqueur se terminent par une séance de tirs au but. S'ils ne portent pas le même nom, ceux-ci sont en réalité des penalties et ils doivent respecter les règles de la loi 14.

15e, 16e et 17e lois

Les 3 dernières lois concernent les remises en jeu au cours de la partie, lorsque le ballon est sorti au-delà des lignes de touche ou des lignes de but, hors du but.

15e loi : la rentrée de touche

Elle s'effectue lorsque le ballon est sorti de l'aire de jeu. Celui-ci doit être remis en jeu à l'endroit même où il est sorti. Le joueur effectue sa rentrée de touche avec les 2 mains, tenant le ballon au-dessus de la tête. Ses pieds doivent être sur la ligne de touche ou derrière celle-ci. Il peut ensuite pénétrer sur le terrain, mais il ne peut pas rejouer le ballon avant l'intervention d'un autre joueur. Une rentrée de touche jugée incorrecte par l'arbitre est rejouée par l'équipe adverse.

La touche longue, effectuée dans les règles par le défenseur de Stock City, arrivera dans la surface d'Arsenal.

16e loi : le coup de pied de but ou dégagement

Il est réalisé par un défenseur ou le gardien de but lorsque le ballon, touché par un adversaire, a franchi la ligne de but dans ses parties situées entre les montants des buts et les poteaux de coin. Le ballon peut être placé à n'importe quel endroit de la surface de but et doit être impérativement botté hors de la surface de réparation.

coup de pied de but de Steve Mandanda, le gardien de l'OM

17e loi : le coup de pied de coin (corner)

Il est réalisé par un attaquant lorsque le ballon, touché par un défenseur, a franchi la ligne de but dans ses parties situées entre les montants des buts et les poteaux de coin. Le ballon est placé impérativement à l'intérieur du quart de cercle dessiné sur le sol à l'angle du terrain. Le poteau de coin ne peut être enlevé pour faciliter le tir.

corner sortant pour Neymar avec le Paris-St-Germain

un beau terrain, un équipement, des crampons cirés et un ballon

À TOI DE JOUER !

L'école de foot t'attend ! C'est aussi une école de la vie en communauté. Conduire le ballon, contrôler, passer, dribbler et tirer doivent devenir plus faciles pour toi que marcher ou courir. Et il te faudra apprendre à attaquer ou à défendre avec tes partenaires.

Un ballon à partager

Dès ta naissance, tes mains ont cherché à attraper et manier des objets et tu n'as remarqué l'utilité de tes pieds que lors de tes premiers pas. Ce sont pourtant tes pieds qui vont te permettre de garder et de conduire ce ballon rond qui ne cherche qu'à rouler et à s'échapper.

Un ami et un complice

C'est une drôle de boule qu'il faut apprivoiser. À toi de bien la diriger pour qu'elle atteigne exactement l'endroit que tu vises. Du pied gauche et du pied droit, tu vas contrôler le ballon, le conduire et le passer, tu vas feinter un adversaire et filer vers les buts.

Un objet si convoité

Une fois la technique bien apprise et le ballon devenu un fidèle compagnon, il devrait être facile de gagner un match. Seulement voilà, l'équipe adverse ne l'entend pas de cette oreille : elle a, elle aussi, une solide formation et une grande ambition. L'affaire se corse et c'est là que le football devient passionnant.

24 h 30 min

C'est le record de jonglage de l'Ukrainien Nikolaï Kutsenko, le temps que le ballon a passé sans toucher le sol. Bien plus difficile qu'il n'y paraît, jongler exige une grande habileté avec les pieds, les cuisses ou la tête, un bon dosage du contact et aussi un équilibre parfait sur le pied d'appui. Mais en 2014, un jeune Belge est mort alors qu'il tentait de battre le record du monde de jongles avec la tête (28 987). Son cou rapetissait à chaque contact provoquant peu à peu son asphyxie !

Avec une technique bien maîtrisée, le ballon deviendra un véritable ami !

Le ballon se partage ; ton partenaire doit recevoir ta passe dans sa course.

Le duel

Voilà un terme très employé dans le football actuel.
Les situations de jeu à 1 contre 1 pour la conquête ou la récupération du ballon sont très nombreuses au cours d'un match. Gagner un duel, ballon au sol ou en l'air, est l'une des clés de la réussite.

Partager

Le football est un sport collectif. Aucun joueur, même le meilleur du monde, ne peut récupérer le ballon sur sa propre ligne de but et s'en aller marquer un but à l'autre bout du terrain sans l'aide de partenaires. Il doit obligatoirement passer correctement le ballon aux joueurs de son équipe, le recevoir de leurs pieds et en faire bon usage pour la réussite du collectif.

Ballon gagné, ballon perdu

À l'exception des remises en jeu, en début de partie ou lorsqu'une sanction est donnée par l'arbitre, l'équipe qui est en possession du ballon est harcelée par l'équipe adverse. Les stratégies défensives ont pour mission d'empêcher la progression de l'équipe rivale, de contrer ses attaques et de récupérer le ballon. Toutes les stratégies offensives ont pour mission de faire progresser le ballon vers le but adverse pour l'y propulser.

Ballon gagné par l'attaquant et perdu par le défenseur : le football est fait de duels fréquents.

L'école de foot

Elle remplace l'école de la rue et des terrains vagues. Que tu sois grand ou petit, timide ou extraverti, lent ou nerveux, elle est là pour t'apprendre à vivre en communauté, à développer tes capacités physiques et t'enseigner les techniques et les stratégies du foot.

Écoute bien ton éducateur avant, pendant et après la séance d'entraînement.

Des qualités innées

L'école de football va t'aider à développer des qualités que tu possèdes depuis ta naissance. Tout d'abord, le déplacement dans l'espace. Avec ou sans ballon, le football exige des déplacements permanents, parmi des partenaires et des adversaires, dans un espace restreint délimité par les lignes du terrain. Tu travailleras ensuite l'équilibre. Tout ton corps, ta tête, tes bras, ton buste ou tes jambes participent à l'acquisition d'un bon équilibre sans lequel tu ne pourrais pas bien jouer. Puis, tu affineras ton adresse. Elle est fondamentale pour maîtriser le ballon et l'envoyer où tu veux, quand tu veux et à qui tu veux.

Les 3 sens

3 de tes 5 sens vont être sollicités dans ton apprentissage du foot :

- **la vue pour apprécier les distances, améliorer ta vision panoramique ;**
- **le toucher pour habituer plusieurs parties de ton corps au contact avec le ballon ;**
- **l'ouïe pour être à l'écoute de tes partenaires, de ton entraîneur, du sifflet de l'arbitre et même du ballon.**

La coordination des gestes, l'impulsion et l'équilibre sont les fondamentaux du footballeur.

chacun à son poste pour un petit match de fin d'entraînement !

Des gestes spécifiques

6 gestes fondamentaux constituent la technique du joueur de champ et une multitude de formes d'attaque et de défense constitue la tactique. Dans le domaine technique, tu vas apprendre à conduire et contrôler le ballon, le passer, dribbler un adversaire, tirer et jouer avec la tête. Dans le domaine tactique, tu vas étudier les postes initiaux, le placement et le déplacement sur le terrain, le jeu offensif et défensif ainsi que les stratégies collectives qui devront te devenir familières.

Une hygiène de vie

Cela fait aussi partie de l'enseignement de l'école de foot :

• être propre et prendre ta douche après les matchs et les entraînements ;
• dormir suffisamment, te coucher tôt ;
• manger correctement, ne pas abuser de bonbons et de boissons sucrées, bien prendre ton petit déjeuner le matin ;
• nettoyer et cirer toi-même tes crampons.

Une morale irréprochable

Tu vis en communauté dans un univers sportif. Il est promordial de faire preuve de discipline et de politesse. Tu dois aussi te montrer honnête, ne pas « emprunter » les affaires des autres sans autorisation. Tu dois respecter tes partenaires, tes adversaires, tes entraîneurs, les arbitres ainsi que le matériel et avoir le sens des responsabilités.

Ne compte pas sur tes parents pour laver tes crampons ! Fais-le dès l'entraînement terminé.

À l'entraînement

Te voilà en situation, tu as enfilé ta tenue, lacé tes crampons, tu es prêt à quitter le vestiaire avec ton entraîneur et tes copains. Ah, n'oublie pas, il y a sûrement du matériel à porter, des ballons, des chasubles, des plots…

L'échauffement

Une séance d'entraînement commence par un bon échauffement. Ce sont, le plus souvent, des courses sans ballon, courses lentes, courses rapides, accélérations, changements de direction, marches arrière, sauts... Puis on utilise le ballon pour des conduites plus ou moins rapides, des blocages et pour jongler.

L'échauffement est un moment important.

Les exercices

C'est le cœur de la séance. L'entraîneur choisit un thème en fonction du niveau de ton équipe, de l'avancement de la saison, de vos lacunes constatées ou des échéances sportives qui vous attendent. Le thème peut être l'un des six gestes techniques ou la combinaison de plusieurs d'entre eux, ou encore des stratégies plus complexes comme des combinaisons offensives ou défensives, des situations de coups francs, de corners.

La licence

Elle est obligatoire pour pratiquer un sport en compétition. C'est une assurance au cas où tu te blesserais et elle permet aussi de confirmer officiellement ton âge et ta catégorie. Avant chaque rencontre, ton entraîneur doit, avec celui de l'équipe adverse, remplir un document appelé « feuille de match ». Il y inscrit le nom des joueurs et leur numéro de licence. Une licence n'est délivrée qu'après une visite médicale favorable. Le médecin doit valider ton aptitude à la pratique du sport.

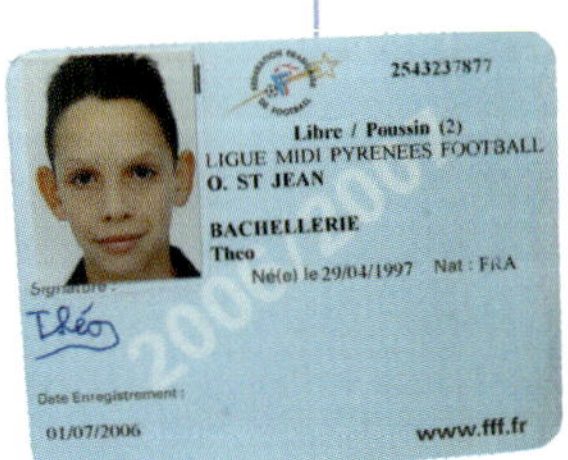

La récapitulation

Le plus souvent, l'entraînement se termine par un petit match qui permet de juger de l'efficacité de la séance. Il intègre des contraintes bien précises : une seule touche de balle ou 3 passes avant de tirer, ou encore aucun tir à moins de 10 m du but. On peut aussi installer 6 petits buts, 3 de chaque côté, pour travailler la vivacité ou les déplacements.

Un petit match termine la séance d'entraînement.

La douche

Eh oui, elle est obligatoire avant de quitter tes petits camarades. Elle t'évite de grimper tout crotté dans le bus ou dans la voiture de tes parents.

La réunion

L'entraîneur réunit ses joueurs pour leur expliquer, à l'aide d'un tableau, quelques stratégies, ou pour leur rappeler des lois du jeu un peu oubliées : le hors-jeu, les rentrées de touche, les fautes et leurs sanctions. Il peut aussi leur rappeler quelques principes d'hygiène et de morale. Il donne les convocations et fixe le lieu de rendez-vous pour le match qui s'annonce.

Comment connaître ta catégorie ?

Si la saison de foot débute en septembre et se termine en juin, c'est l'année civile qui est prise en compte pour connaître ta catégorie, c'est-à-dire l'âge que tu as ou que tu vas avoir au cours de l'année commencée, celle qui s'écoule du 1er janvier au 31 décembre.

Ton âge	Ta catégorie
6/7 ans	débutants
8/9 ans	poussins
10/11 ans	benjamins
12/13 ans	13 ans
14/15 ans	15 ans
16/17 ans	17 ans

Au contact !

Ton corps propose plusieurs surfaces de contact avec le ballon. Toutes sont utilisées pour une bonne pratique du football, de la tête aux pieds.

L'autre pied

Le pied d'appui est le pied qui n'entre pas en contact avec le ballon. Il est posé au sol et va maintenir l'équilibre, permettre d'accélérer ou de changer de direction, assurer la qualité de la passe et même participer aux trajectoires des tirs.

Le **cou-de-pied** est le dessus du pied, utilisé essentiellement pour le tir. Il sert aussi pour la conduite, la passe et le dribble.

L'**intérieur du pied** est la surface la plus plane du pied : idéale pour adresser des passes précises et aussi pour conserver le ballon lors de la conduite.

On se sert rarement de la **pointe**, mais elle est utile pour tirer au but la jambe en extension. Le tir de la pointe du pied peut s'avérer décisif.

On utilise la **semelle** pour le blocage du ballon, pour les roulettes et les râteaux, qui sont des dribbles efficaces.

Le **talon** ne peut adresser un ballon avec précision, mais permet d'envoyer des passes courtes très surprenantes.

L'**extérieur du pied** est une surface légèrement arrondie, qui s'utilise pour les dribbles et crochets ainsi que pour les passes et tirs brossés.

La **cuisse** s'utilise surtout pour l'amorti et pour réceptionner des ballons en trajectoire aérienne descendante.

La **poitrine**, belle surface plate, permet de réaliser des amortis efficaces et parfois des passes courtes.

La **tête** sert à passer, amortir et tirer.

Le front exclusivement

Quand on dit tête, on pense front ! C'est lui la bonne surface de contact et non le dessus de la tête ou le nez !

Bien lacer tes crampons

Pour gagner en précision, prends garde à bien lacer tes chaussures de foot. Place le nœud sur le haut de l'extérieur du pied et non sur le cou-de-pied, sauf si ta chaussure est pourvue d'une languette sous laquelle tu peux le dissimuler.

Les joueurs de champ utilisent les **mains** seulement pour les rentrées de touche, mais c'est le principal « instrument » des gardiens de but.

La technique et ses jeux

Tu es en tenue et en forme ? On y va ! Commence par apprendre et par réviser les bons gestes, puis entraîne-toi avec les jeux et les exercices. Invite des copains pour organiser des concours. Prépare bien ton matériel. Tu verras que le foot peut aussi devenir matière à des devoirs de vacances.

Ta tenue et tes accessoires

Choisis bien ta tenue en fonction du temps qu'il fait et de la qualité du sol sur lequel tu vas évoluer. Prévois un short, des chaussettes, un survêtement et un vêtement de pluie léger. Ne t'entraîne pas sur du ciment ou sur un terrain stabilisé avec tes crampons ! Les jeux et les exercices exigent un peu de matériel. Fais preuve d'imagination pour remplacer ou fabriquer, si tu n'en disposes pas, un des accessoires qui sont demandés. Il te faudra aussi quelques outils.

de la ficelle et un couteau

un marteau et des clous

une scie

une échelle

des bâtons de craie

Des piquets

Trouve des tubes chez un ferrailleur ou dans un magasin de bricolage. Tu peux aussi couper des branches d'arbres bien droites. Si tu ne t'entraînes pas dans un pré ou sur un terrain meuble et qu'il est difficile d'enfoncer les piquets dans le sol, utilise des pieds de parasol, des parpaings, des cônes ou encore des seaux remplis de sable ou de terre pour faire tenir tes piquets à la verticale.

Des plots

Tu peux récupérer des petits cônes de sécurité routière usagés. Sinon, retrouve ton ancien jeu de quilles, ou encore remplis des bouteilles de 1,5 l en plastique avec du sable ou de l'eau. Tu peux aussi utiliser des briques ou encore des vêtements usagés noués et tous les objets non dangereux qui peuvent servir pour le marquage au sol. Des pneus usagés feront aussi l'affaire.

Les distances

Pour les exercices, les distances sont indiquées en mètres. Si tu ne disposes pas d'un décamètre (10 m), tu peux utiliser une ficelle sur laquelle tu inscris une marque tous les mètres. Sers-toi de ta règle scolaire pour cela. Plus simple encore, tu considères qu'un grand pas équivaut à 1 m et tu mesures avec tes jambes.

Attention !

N'hésite pas à demander de l'aide à un adulte. Il faut être prudent.

une reprise de volée parfaite

MAÎTRISER LE BALLON

Tu veux apprivoiser ce ballon qui ne pense qu'à rouler. Tu dois savoir le conduire, le contrôler, le passer à un partenaire, dribbler des adversaires et tirer au but. Quand tu maîtriseras ces 5 gestes techniques, le ballon sera ton meilleur ami.

Aux pieds !

Conduire le ballon, c'est le garder « dans » ses pieds. Le joueur progresse sur le terrain, sans perdre le ballon et surveille l'évolution du jeu : un programme pas si simple que cela !

Poussé par l'**intérieur du pied**, le ballon progresse bien devant toi. C'est assez facile, mais plutôt lent et parfois risqué, le ballon pouvant devenir une proie facile pour un adversaire.

L'**extérieur du pied**, une conduite très exposée aux contres – le ballon n'est pas devant toi –, est utile pour préparer une passe ou un tir brossés, et pour déclencher un crochet ou un dribble extérieurs.

Avec l'**intérieur des 2 pieds**, tu avances plus vite en passant le ballon d'un pied à l'autre. Tu peux changer facilement et plus rapidement de direction. Entre tes 2 pieds, le ballon est moins accessible pour les adversaires.

Réservée aux plus aguerris, la technique du **cou-de-pied** laisse le ballon bien devant le pied et permet d'armer un tir plus spontanément.

La tête haute

Une bonne conduite de balle s'effectue la tête levée, sans regarder le ballon ou en le regardant le moins possible. Tu es ainsi en mesure de décider à tout moment le geste que tu dois entreprendre : un tir, une passe, un dribble, ou si tu dois poursuivre ton avancée.

Change de direction

- **2 joueurs**
- **2 ballons**

1. Ballon dans les pieds, tu te places derrière ton copain qui entreprend lui-même une conduite de balle comme il le désire : à droite, à gauche, tout droit, lentement, rapidement, stop…

2. Tu dois le suivre comme son ombre et maîtriser sans cesse ta conduite. Toutes les formes de contact sont autorisées.

Conduis dans un espace réduit

Ce n'est pas aussi facile que tu l'imagines ! Tu dois parfaitement maîtriser ton ballon et garder impérativement la tête levée.

- **3 joueurs**
- **3 ballons**
- **10 m de ficelle**
- **4 pierres**

1. Avec la ficelle et les pierres, trace un carré de 2,50 m de côté.

2. Vous devez évoluer tous les 3 en conduite de balle dans le carré. Il est interdit de toucher un copain avec le ballon ou avec le corps.

Accélère ta conduite

- **2 joueurs**
- **2 ballons**
- **4 plots ou quilles**

1. Positionnez les 4 plots aux 4 coins d'un carré de 10 m de côté.

2. Vous vous placez chacun à un angle, à l'opposé l'un de l'autre et en diagonale. Partez dans le même sens de rotation.

3. Conduisez le ballon à votre rythme en contournant les 4 plots, une fois par la droite, une fois par la gauche. Définissez à l'avance si vous utilisez, pour le tour à venir, l'intérieur ou l'extérieur des pieds…

Contrôler le ballon

Aucune action n'est possible si les contrôles du ballon sont ratés. Que tu aies à le conduire, à le passer, à dribbler ou à tirer, tu devras d'abord contrôler correctement le ballon.

Le blocage est un contrôle efficace mais lent, le ballon restant un instant immobile sous le pied.

Le blocage

C'est le premier contrôle que tu vas apprendre, parce que c'est le plus facile à réaliser. Tu bloques le ballon sous ta semelle en effectuant une forte pression vers le sol.

Le semi-blocage

Le ballon est rabattu vers le sol avec l'intérieur ou le cou-de-pied. Le ballon est brutalement ralenti mais n'est pas bloqué. Il continue à vivre et maintient la dynamique du jeu.

Pour le semi-blocage, il faut bien doser le geste et bien diriger le ballon vers le sol.

Les amortis

Amortir le ballon, c'est le contrôler en accompagnant sa course au moment du contact avec la partie du corps appropriée. Le geste s'effectue avec la tête, la poitrine, la cuisse ou même le cou-de-pied.

Le ballon doit retomber juste devant tes pieds pour la poursuite de l'action.

Accompagner

Ne sois pas rigide : si tu mets seulement en opposition ta surface de contact, le ballon va repartir aussi vite qu'il est arrivé. Avec un amorti, tu diminues le rebond du ballon et tu l'accompagnes.

Le contrôle orienté

Ce contrôle consiste à diriger le ballon dans une direction opposée à sa trajectoire d'arrivée, pour déjouer l'action défensive d'un adversaire et donner des solutions nouvelles à l'action entreprise.

1. Le ballon arrive sur ta droite.

2. Buste penché vers l'avant, tu le réceptionnes de l'intérieur du pied droit avec un semi-blocage qui l'oriente vers ta gauche. Le pied d'appui est solidement posé au sol. Le corps entame sa rotation vers la gauche.

3. Ton corps a effectué sa rotation. Ton pied droit relance ta course. Ton pied gauche entreprend la conduite du ballon. Tu lèves la tête.

Les clés de la réussite

Il faut avoir une bonne vision du jeu, avoir en tête les positions des adversaires comme celles des partenaires. Il faut aussi avoir décidé au préalable où orienter le ballon et bien accompagner ce dernier. Ne jamais arrêter son geste, rester en mouvement avant, pendant et après le contrôle. Il est ensuite nécessaire de lever la tête à la sortie du contrôle pour décider lucidement de la nouvelle action à entreprendre.

Tu peux aussi réaliser un contrôle orienté dos à l'adversaire : ici, tu orientes de l'extérieur du pied gauche.

Garde le ballon près de toi

L'objectif est de contrôler et de passer le ballon, avec précision. Tu peux le contrôler avec toutes les surfaces de contact : semelle, intérieur du pied ou cou-de-pied…

- **2 joueurs**
- **1 ballon**

1. Ton copain et toi vous vous placez face à face à 5 m l'un de l'autre et vous vous adressez des passes plus ou moins fortes.

2. Appréhende la trajectoire du ballon et déplace-toi latéralement si nécessaire. Le ballon ne doit pas s'échapper ni rester bloqué contre ton pied, cela t'obligerait à reculer pour adresser la passe !

Engage-toi dans la bonne direction

Soigne tes déplacements, sois rapide et précis. Si vous êtes deux, jouez un ballon sur deux. Celui qui tire le premier laisse le contrôle et la passe à son copain.

- **1 joueur ou plus**
- **1 mur**
- **1 ballon**
- **4 planches**
- **4 piquets**

1. Cloue 2 planches sur 2 piquets 2 fois et installe-les de part et d'autre d'un mur.

2. Tire contre le mur. Tu dois contrôler le ballon qui revient et adresser une passe à 1 des 2 planches que tu as placées sur ta droite ou sur ta gauche. Tu es obligé d'effectuer un contrôle orienté.

3. Avant même de recevoir le ballon, tu dois savoir à quelle planche tu vas passer le ballon. Tu te replaces vite pour contrôler à nouveau le ballon à son retour de la planche. Tu orientes et tu tires vers le mur. Attention à bien te saisir du ballon sans le laisser échapper ni l'immobiliser. Le contrôle orienté et la passe se font dans le même mouvement.

Capture et apprivoise le ballon

Le ballon ne doit pas t'échapper !

- **1 joueur**
- **1 mur**
- **1 ballon**

1. Place-toi à 5 m du mur et frappe le ballon assez fort à différentes hauteurs.

2. Tu dois le contrôler à son retour. Reste bien mobile sur tes appuis pour te déplacer rapidement et anticiper ton contrôle.

3. Suivant la trajectoire du ballon et la force avec laquelle il revient vers toi, tu dois être capable de le contrôler soit de la semelle, soit par un amorti du pied, de la cuisse ou de la poitrine, soit par un semi-blocage.

Réalise bien les orientations

- **2 joueurs**
- **1 ballon**
- **4 pneus ou plots ou seaux**

1. Avec un copain, place 2 paires de pneus à une distance de 10 m, les pneus de chaque paire étant distants de 3 m.

2. Tu passes le ballon à ton copain, qui réalise un contrôle orienté sur sa gauche, contourne le pneu et te renvoie le ballon.

3. Tu réalises à ton tour un contrôle orienté sur ta gauche, tu contournes le pneu et tu lui adresses à nouveau le ballon pour qu'il effectue un contrôle orienté sur sa droite. Et ainsi de suite.

Vous pouvez compliquer le jeu en envoyant le ballon en hauteur pour des contrôles orientés à partir d'amortis de la cuisse, de la poitrine ou de la tête.

Améliore le contrôle

Pour faire meilleur usage du ballon, tu dois savoir le contrôler parfaitement. Seulement alors, tu pourras passer, dribbler, conduire ou tirer avec les meilleures chances de réussite.

superbe contrôle en extension du Madrilène Marco Asensio

Dans la course

Avec ton copain, vous voulez améliorer votre contrôle dans la course ? Voici un jeu qui peut vous y aider. Vous devez être 2 joueurs et disposer d'1 ballon et de 4 pneus ou sceaux ou plots.

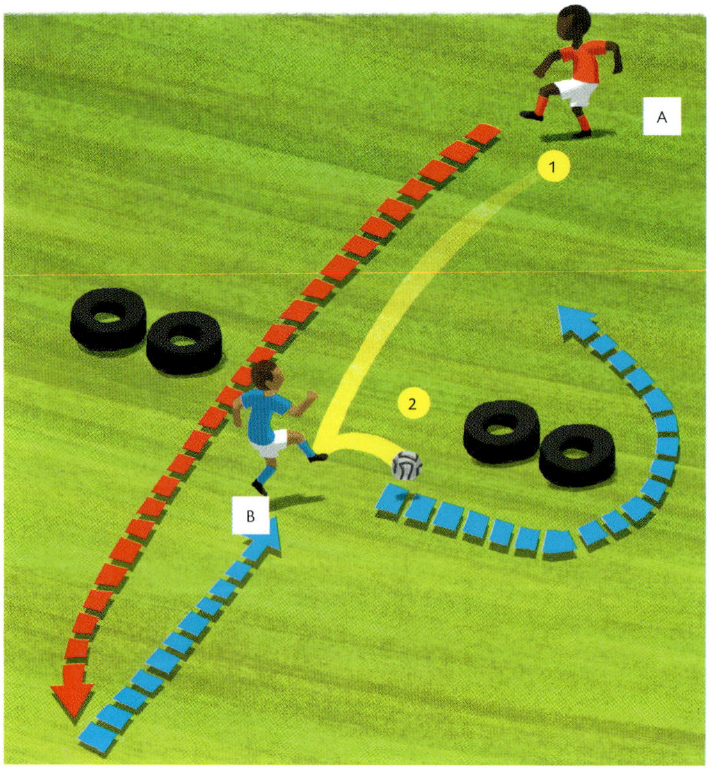

1. Place les pneus sur une même ligne, 2 par 2.

2. Au signal (tu tapes dans les mains), ton copain t'adresse le ballon au pied (1), en variant la force et la hauteur du tir, et tu engages ta course vers le ballon. Au moment où il frappe, il annonce « à droite » ou « à gauche » pour t'indiquer de quel côté tu devras orienter ton contrôle.

3. Tu contrôles le ballon dans la course (2), tu contournes les pneus et tu poursuis ta course vers le point A. Pendant ce temps, ton copain court prendre ta place au point B. Et ainsi de suite.

La direction du contrôle

Voici un exercice pour améliorer la direction donnée à ton contrôle. Vous devez être 3 joueurs. Il faut 1 ballon, 6 plots ou quilles.

1. Tu t'installes entre les plots C et D.

2. Ton copain X t'adresse une passe tandis que ton copain Y se déplace latéralement entre les plots E et F.

3. Tu contrôles le ballon en te retournant, sur ta droite ou sur ta gauche, tu gardes la tête levée pour découvrir la position de Y à qui tu adresses la passe. En réalité, tu commences ton contrôle orienté un peu à l'aveugle pour éliminer tes adversaires (les plots C et D) et tu le termines en connaissant la position de Y.

4. Ensuite, Y t'adresse la passe tandis que X se déplace entre ses plots A et B, et ainsi de suite.

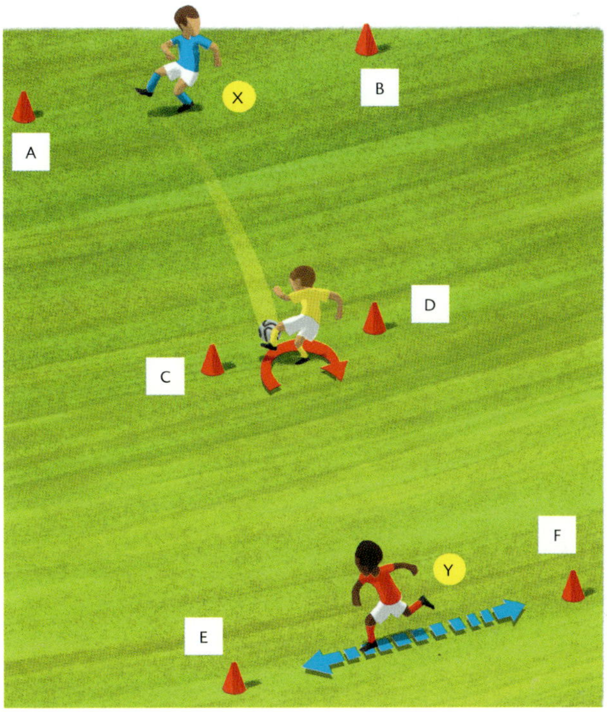

Ambrosini mis dans le vent par le contrôle orienté original de Kaka

La bonne passe s'effectue de l'intérieur du pied, une surface plane et précise.

Laissez passer !

La passe est le geste qui permet d'offrir le ballon avec précision à un partenaire afin que l'action se poursuive dans les meilleures conditions. Le football est un sport collectif, n'est-ce pas ?

Le bon geste

Ton pied d'appui bien posé au sol à hauteur du ballon, tu frappes celui-ci d'arrière en avant en l'accompagnant le plus possible pour lui donner un maximum de précision. Cette passe peut se réaliser du cou-de-pied ou de l'extérieur du pied, mais elle risque de s'avérer moins précise. Une bonne passe envoie le ballon devant ton partenaire afin que celui-ci ne freine pas sa course. Il est essentiel d'anticiper pour faire partir le ballon dans la bonne trajectoire.

Les passes brossées

Très utilisées dans le football actuel, les passes brossées, de l'intérieur et de l'extérieur du pied, donnent au ballon une trajectoire arrondie destinée à contourner un ou plusieurs adversaires. Bien maîtrisées, elles peuvent s'avérer très précises. Tu frappes le ballon sur le côté, d'arrière en avant, en arrondissant le geste. Le ballon va tourner sur lui-même et incurver sa trajectoire. Ces passes nécessitent une grande souplesse de la hanche et de la cheville qui conjuguent leur action pour brosser le ballon.

passe de l'intérieur du pied droit

La talonnade

Tu places ton pied devant le ballon que tu frappes du talon d'avant en arrière. Courte et spontanée, cette passe doit tromper l'adversaire qui s'attend à une frappe traditionnelle de l'intérieur du pied.

La passe avec ou sans contrôle

La passe s'effectue après un contrôle, mais le ballon peut être réexpédié au moment de son contact avec le pied. Cette passe instantanée accélère grandement le jeu et exige une bonne anticipation.

Fais le « passe et va »

Une fois que la passe est réalisée, tu ne dois pas rester planté là à attendre que le ballon te revienne ! Tu effectues ta passe et tu te déplaces pour pouvoir recevoir de nouveau le ballon. C'est le « passe et va ». Si tu rends le ballon à l'équipier qui vient de te le passer et qui, lui aussi, s'est rendu disponible, cela s'appelle un « une-deux ».

Apprends les passes en triangle

Avec 2 partenaires, tu peux aussi réaliser un « une-deux-trois » avec ou sans contrôle. Ton partenaire B ne peut te remettre le ballon dans la course à cause des placements des adversaires. Il s'appuie sur le partenaire C qui, lui, trouve l'espace pour te repasser le ballon (A).

Les passes aériennes

Les passes peuvent souvent être effectuées de la tête ou, plus rarement, de la poitrine. Dans ces cas-là, le ballon est en l'air. Avec le pied, tu peux aussi donner une trajectoire aérienne à une passe : en lobant un adversaire placé entre ton équipier et toi ou en faisant une longue passe transversale.

Corps penché vers l'arrière, tu frappes le ballon dans sa partie la plus basse avec l'extrémité du cou-de-pied. Tu peux aussi légèrement le brosser en arrondissant la frappe.

Jeu de passe-passe

Seule ou avec des copains, tu peux travailler les passes. Voici 3 exercices qui peuvent t'y aider.

Ton « passe et va »

- **1 ballon**
- **1 mur**
- **1 ficelle**
- **2 pierres**

1. Trace une ligne avec la ficelle à 5 m du mur.

2. Tu te places sur le côté et tu frappes le ballon en direction du mur avec un angle assez ouvert. Le mur renvoie le ballon dans ta course.

3. Tu contrôles, tu renvoies vers le mur et tu te déplaces. Et ainsi de suite. Le ballon ne doit pas dépasser la ficelle. Sers-toi de ton pied gauche et de ton pied droit.

Dégourdis ton mauvais pied

Puisque tu as 2 pieds, tu dois t'en servir, même s'il te semble que ton mauvais pied est bien maladroit.

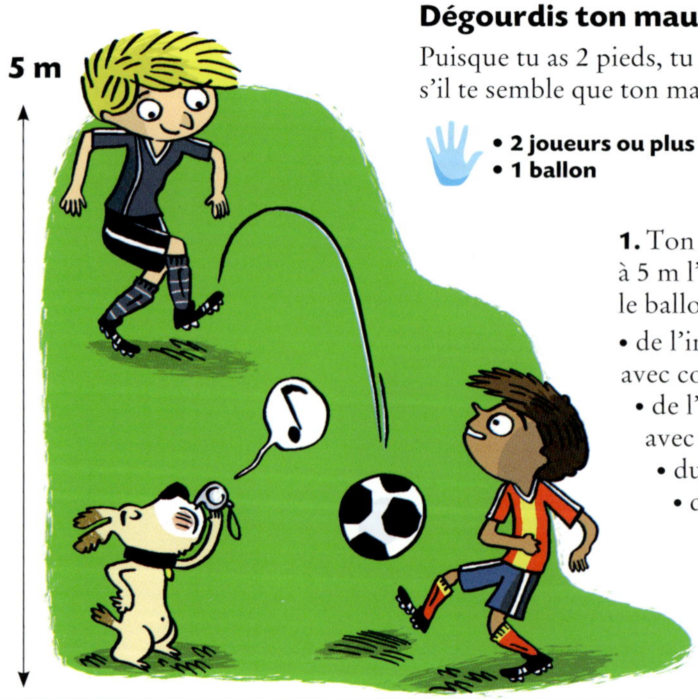

- **2 joueurs ou plus**
- **1 ballon**

1. Ton copain et toi vous vous placez à 5 m l'un de l'autre et vous vous envoyez le ballon de différentes façons :

- de l'intérieur de votre bon pied avec contrôle, puis sans contrôle ;
- de l'intérieur de votre mauvais pied avec contrôle, puis sans contrôle ;
- du cou-de-pied ;
- de l'extérieur du pied.

2. Réalisez les mêmes passes en vous plaçant à 10 m, puis à 15 m.

Améliore ta précision

- **1 ou plusieurs joueurs**
- **3 ballons**
- **3 bouteilles ou quilles**

1. Place 3 bouteilles (ou 3 quilles) en ligne à 2 m l'une de l'autre et à une distance de 10 m du point de départ.

2. Tu dois toucher le ballon avec l'intérieur du pied, comme pour une passe, et faire tomber les bouteilles.

3. Organise un concours avec tes copains, variez les distances, utilisez aussi l'extérieur du bon pied et l'intérieur du mauvais pied.

Après ton dribble réussi, lève la tête et cherche un partenaire.

Réussis les passes

La passe est une offrande à ton partenaire. Entraîne-toi à passer correctement le ballon dans la course de ton copain.

Avec précision dans la course

Avec ton copain, vous avez besoin d'1 ballon et de 4 plots ou quilles.

1. Place les 4 plots aux 4 coins d'un carré de 10 m de côté.

2. Tu te positionnes au centre du carré. Ton copain part du coin A et tourne autour des 4 plots à vitesse constante.

3. Tu dois lui adresser le ballon dans sa course. Il le contrôle, te le retourne et reprend sa course.

4. Tu effectues des passes précises, de l'intérieur du pied, avec ou sans contrôle.

En aucun cas ton coéquipier ne doit s'arrêter pour attendre le ballon et encore moins reculer !

Après contrôle et conduite

Il faut 2 joueurs, 1 ballon et 2 repères (arbres ou piquets l'un en face de l'autre).

1. Chaque joueur se tient à la droite de son repère.

2. Tu commences par faire une passe en face de toi.

3. Ton copain contourne son repère, récupère le ballon et te l'adresse en diagonale, à gauche de ton repère.

4. Tu contrôles et tu passes face à toi, et ainsi de suite. Vous changez de place toutes les 10 passes.

Sans contrôle avec les 2 pieds

Avec ton copain, vous avez besoin d'1 ballon et de 7 plots ou quilles.

1. Place les 7 plots en les séparant de 3 m l'un de l'autre.

2. Vous devez, ton copain et toi, vous faire des passes dans la course, avec et sans contrôle. Pour le retour, restez du même côté, cela vous obligera à vous servir de l'autre pied.

passe brossée de l'extérieur du pied

L'art du dribble

Le dribble consiste à « éliminer » un adversaire ballon au pied. Il doit surprendre le défenseur trompé par la feinte. Tout bon footballeur doit maîtriser le dribble.

crochet extérieur du pied gauche

Le crochet

Il consiste à passer un défenseur sur sa droite ou sa gauche. Tu es face à ton adversaire. Il est suffisamment près pour déclencher son geste défensif : c'est l'instant que tu choisis pour le tromper. Tu te déhanches sur ta droite ou sur ta gauche et tu entraînes ton ballon de l'intérieur du pied. Figé sur ses appuis, le joueur adverse n'a pas le temps de réagir. Tu te redresses et tu poursuis l'action en conduisant le ballon.

De dos

Tu peux réaliser des crochets dos à l'adversaire : tu te déhanches comme si tu déclenchais un crochet sur ta droite. Ton adversaire engage sa défense.

Le râteau

C'est reculer pour mieux passer.

1. Tu ratisses le ballon vers l'arrière avec la semelle.

2. Ton adversaire, qui a lancé sa jambe en avant, est déséquilibré. Tu le contournes aisément en reprenant ta conduite de balle.

La fausse piste

Il s'agit de faire croire à son adversaire que l'on va le passer sur sa droite alors qu'on va le faire sur sa gauche, ou inversement.

1. Tu ramènes le ballon vers sa droite de l'intérieur de ton pied droit. Il déclenche son geste défensif.

2. Il est parti sur la fausse piste. Tu entames un crochet de l'extérieur du pied droit.

3. Tu pousses fort sur ton pied d'appui, le gauche, et tu reprends ta conduite avec le pied droit.

Vite et bien

La vitesse est l'une des clés pour réussir toutes les formes de dribble. S'ils sont trop lents, ils sont voués à l'échec parce qu'ils permettent à l'adversaire d'intervenir.

Le passement de jambe

C'est un petit dribble qui perturbe suffisamment l'action défensive de ton adversaire pour le passer.

1. Tu fais croire à un crochet de l'extérieur du pied droit.

2. Tu pousses le ballon à l'opposé en passant ta jambe gauche derrière la jambe droite en appui.

La roulette

Tu joues à la toupie pour désorienter l'adversaire. Tu poses ta semelle gauche sur le ballon et tu pivotes en tournant autour avec ton pied droit. Ton corps a fait obstacle à l'action du défenseur un peu désemparé. Tu en profites pour le passer ou pour poursuivre ton action à l'opposé.

Le petit pont

Il permet d'esquiver un joueur en faisant passer le ballon entre ses jambes.

1. Tu as amorcé un crochet ; le défenseur, quant à lui, déclenche sa riposte.

2. Tu fais passer le ballon entre ses jambes.

3. Puis tu le récupères derrière lui.

Le grand pont

Ce geste consiste à glisser le ballon d'un côté de l'adversaire et à le récupérer après l'avoir contourné de l'autre côté.

1. Ton adversaire s'apprête à intervenir. Tu accélères ta course sur sa droite, mais tu expédies le ballon sur sa gauche.

2. Tu poursuis ainsi ta course et récupères le ballon derrière lui.

Le double contact

Tu peux surprendre ton adversaire en réalisant un double contact très rapide.

pied gauche

puis pied droit

Une technique au point

Grâce à ces jeux, entraîne-toi à dribbler un adversaire comme les joueurs professionnels !

Le crochet

Le crochet n'est réussi que s'il surprend l'adversaire. Pour t'entraîner, organise un petit circuit dans lequel ton adversaire pourra être un piquet, un poteau, un pneu ou un arbre. Il te faut 1 ballon, 2 plots et 1 piquet ou 1 arbre.

1. Tu conduis le ballon sur le trajet rectiligne, tu passes entre les plots et tu déclenches ton crochet.

2. Commence par le réaliser de l'intérieur du pied droit, puis de l'intérieur du pied gauche, puis des 2 extérieurs. Attention, l'espace entre les plots et l'arbre est très réduit. Tu dois garder le ballon collé à tes pieds. S'il touche les plots ou l'arbre, rejoins le départ et recommence l'exercice.

Crochet réussi : l'adversaire est parti du mauvais côté.

Passer les ponts

Toi et tes copains (2 joueurs ou plus) avez besoin d'1 ballon, de 2 plots, d'1 bâton, de 5 bouteilles d'eau et d'1 pneu.

1. Trace un circuit avec une petite haie représentant ton adversaire.

2. Tu organises un concours chronométré avec tes copains. Imaginez plusieurs parcours : un aller avec un crochet (servez-vous des 2 pieds, intérieur et extérieur) ou un grand pont sur la haie, et un retour avec un petit pont sur la haie. Pour le petit pont, le ballon passe sous la haie que vous franchissez en sautant. Réalisez aussi des grands ponts à droite ou à gauche.

Le dribble en série

Pour 4 joueurs, vous avez besoin d'1 ballon et de 6 plots ou quilles.

1. Place les quilles par paires à une distance de 3 m l'une de l'autre. L'intervalle entre chaque paire de quilles est de 10 m.

2. Tracez un petit terrain de 15 m de long et de 10 m de large. La largeur des buts est de 1 m.

3. Puis, 2 joueurs se placent dans chaque partie du terrain.

4. Une fois le coup d'envoi donné, les 4 joueurs peuvent se déplacer sur tout le terrain. Quand l'équipe en possession du ballon évolue sur sa partie de terrain, elle a le droit de se faire des passes et de dribbler ses adversaires sans aucune contrainte. Par contre, dès que le porteur du ballon pénètre dans le camp adverse, il doit absolument aller de l'avant et dribbler pour atteindre le but. Il n'a pas le droit de reculer. Il peut, en revanche, passer à son partenaire, mais seulement par une passe de côté ou en arrière.

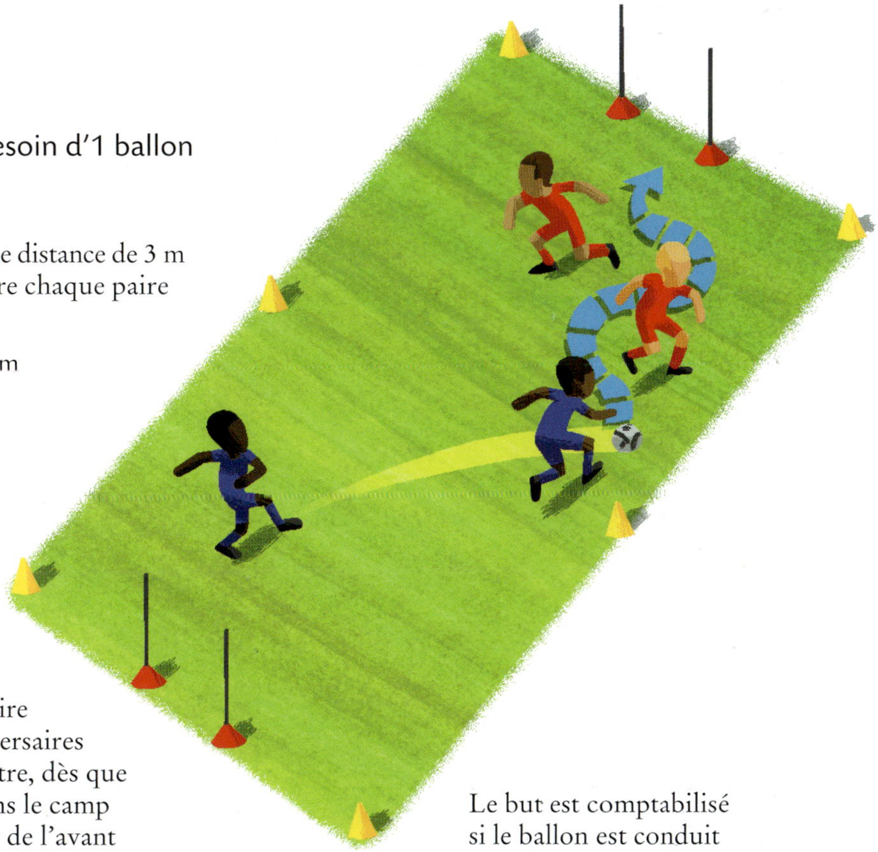

Le but est comptabilisé si le ballon est conduit par l'attaquant entre les piquets. On ne tire pas, on accompagne. Faites un match en 10 points.

10
5
RODO
ENS
51

Marquer Lionel Messi, le génie argentin, au sol ou dans les airs, n'est pas une mince affaire pour les Brésiliens.

MARQUER ET MARQUER

Marquer un but, c'est le geste décisif destiné à propulser le ballon dans le but. Marquer un adversaire, c'est le serrer de près pour l'empêcher de développer son jeu. Chaque situation exige des gestes techniques spécifiques.

Tir au but !

Le tir est le geste destiné à expédier le ballon dans les buts. Au football, il est décisif, car l'objectif est quand même de marquer ! On peut aussi considérer les dégagements et certaines remises en jeu comme des formes de tir.

Le bon geste

Il s'effectue avec le cou-de-pied.

1. La course d'élan est droite, le bras gauche montre la direction du tir.

2. Le pied d'appui est à la hauteur du ballon. Le pied droit prend son élan, pointe vers le sol.

3. Le pied droit frappe le ballon en son milieu avec le cou-de-pied, toujours la pointe vers le bas.

4. Le pied droit accompagne le ballon. L'épaule gauche se désaxe et le bras gauche croise devant le corps.

La position du pied d'appui

Pour réussir correctement un tir franc, ton pied d'appui doit être posé à la hauteur du ballon.

trop avancé

trop reculé

bien placé

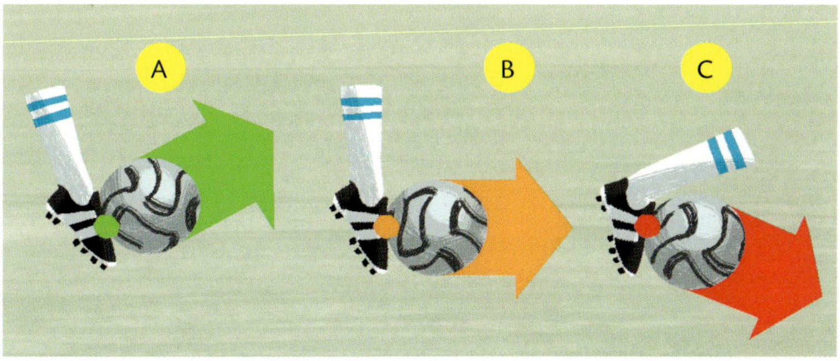

Le point d'impact

Avec le pied d'appui posé au même endroit, le ballon ne suivra pas la même trajectoire si le contact se fait dans sa partie basse (A), en son milieu (B) ou dans sa partie haute (C).

Le lob

Il consiste à faire passer le ballon par-dessus le gardien lorsque celui-ci est avancé. Le corps penché en arrière, tu frappes le ballon dans sa partie inférieure.

La position du corps

Si ton corps est penché en avant, le ballon prend une trajectoire basse. En revanche, s'il est penché en arrière, le ballon s'élèvera.

Dans le lob, le plus difficile est de doser la puissance de ton tir pour éviter que le ballon ne parte dans les nuages.

La reprise de volée

Voici une forme de tir plus compliquée à réaliser car il faut intégrer une donnée supplémentaire : la hauteur du ballon. Tu dois aussi appréhender la vitesse, la trajectoire ainsi que la direction que tu vas donner à ton tir. C'est du cou-de-pied que tu vas frapper le ballon que tu n'as pas quitté des yeux depuis le début du geste.

1. Le corps est penché sur le côté. La rotation s'effectue sur le pied d'appui bien « ancré » dans le sol. Les bras font office de balancier.

2. La jambe de frappe effectue un mouvement ample et presque horizontal au moment du contact avec le ballon.

Comme un drop

Avec les mêmes précautions que pour la volée, tu réalises une demi-volée. Elle consiste à frapper le ballon dès qu'il a touché le sol et qu'il débute son rebond.

Le retourné

Il s'apparente à une reprise de volée, mais est réalisé en complet déséquilibre, les 2 pieds décollés du sol.

Le retourné est un tir à l'aveugle destiné à expédier un ballon dans son dos.

Les tirs brossés

Comme pour la passe, le contact avec le ballon se fait avec l'extérieur du pied en le brossant d'arrière en avant. Il prend alors une trajectoire courbe qui peut vaincre le gardien adverse. Ces frappes sont très utilisées pour les coups francs directs.

intérieur pied gauche

extérieur pied droit

Fais le mur pour améliorer ta précision

Tu peux jouer seul ou avec des copains. Servez-vous des 2 pieds et doublez les points du score réalisé avec le mauvais pied !

- **1 joueur ou plus**
- **1 ballon**

1. Trace sur la porte d'un garage ou sur un mur 9 carrés numérotés de 1 à 9. L'arête des carrés est de 50 cm.

2. Entraîne-toi à frapper le ballon en direction de l'un des carrés. Tu commences à 5 m puis tu recules régulièrement. Attention, tu dois annoncer avant le tir quelle cible tu vises !

3. Chaque tir plein cadre dans un carré vaut 3 points. Un tir qui chevauche 2 carrés dont celui annoncé vaut 2 points.

Tirer autrement

Le tir s'effectue rarement dans des conditions idéales. Avant de tirer, il faut souvent éliminer un adversaire ou exploiter un ballon qui arrive en hauteur, et toujours dans l'urgence.

Après l'élimination d'un obstacle

Pour cet exercice, toi et ton copain avez besoin d'1 ballon, de 2 branches et de 2 seaux.

1. Fabrique une petite haie avec 2 branches en V que tu plantes dans le sol et un bâton d'une longueur d'1 m environ. Tu peux aussi te servir de 2 cônes ou de 2 seaux.

2. Depuis le point de départ, tu conduis le ballon, tu le fais passer sous la haie que tu franchis en sautant, tu dois le récupérer et tirer après un seul contact.

3. Chaque but marqué en respectant les règles vaut 3 points. Chaque tir cadré en respectant les règles vaut 2 points. Si le ballon ne franchit pas correctement la haie, si la barre supérieure tombe, ou encore si le ballon est contrôlé avec plus d'un contact, le tir ne vaut aucun point.

Améliorer les reprises de volée

Vous pouvez jouer à 2 ou 3. Il faut 2 ballons, 2 piquets et 2 cônes en plastique.

1. Pose les 2 ballons sur les cônes placés à 10 m du but. Frappe-les successivement en t'appliquant bien : pied d'appui bien vissé au sol, corps penché, frappe avec le cou-de-pied bien horizontal.

2. Désormais, vous réalisez alternativement des reprises de volée, sur des ballons expédiés par un partenaire. Là, c'est le déplacement et le « timing » que tu devras travailler : le ballon n'arrive jamais à la même vitesse, ni à la même hauteur, ni dans le même axe !

pied d'appui bien ancré dans le sol et pointe du pied vers le bas

Avec la tête

Le jeu de tête exige une bonne appréciation de la trajectoire, de la hauteur et de la vitesse du ballon. Il est utile pour passer le ballon ou tirer au but.

Le bon geste

Le buste est le moteur et la tête le volant du jeu de tête.

1. Le retrait de ton buste commence en même temps que tu prends l'impulsion de ton saut.

2. Tu poursuis ton saut en continuant le retrait de ton buste.

3. Ton buste est fortement projeté en avant et ta tête s'oriente vers la cible visée vers la droite, le centre, la gauche, le haut ou le bas.

Mécanique fragile

L'apprentissage du jeu de tête n'est pas proposé aux débutants dont le corps n'est pas encore complètement formé. Et des têtes à répétition lors d'un entraînement peuvent causer des préjudices physiques assez graves.

La tête piquée

Une bonne façon de surprendre le gardien adverse est d'effectuer une tête piquée qui fait rebondir le ballon au sol, ce qui modifie sensiblement sa trajectoire.

Lors d'une tête piquée, le front, penché vers le sol, frappe le ballon qui va rebondir.

Alterne têtes hautes et têtes piquées

- 2 joueurs ou plus
- 1 ballon
- 1 ficelle
- 2 poteaux ou piquets ou arbres

Attention !

Faites un roulement entre les jeux de tête et les autres jeux. La tête est fragile et n'apprécie pas toujours d'être secouée et d'entrer en contact avec un corps étranger, même un ballon.

1. Tends une ficelle entre 2 poteaux ou entre 2 arbres à une hauteur de 1,50 m.

2. Trace ou matérialise 2 emplacements A et B sur le sol.

3. Tu lances le ballon à ton partenaire par-dessus la ficelle. Il doit te le renvoyer de la tête : par-dessus la ficelle pour une réception dans tes bras ; au-dessous pour une réception dans tes pieds.

4. Vous pouvez ensuite réaliser des séries de têtes par-dessus le filet. Pensez surtout à bien tavailler votre déplacement latéral en pas chassés.

Entraîne-toi au jeu de tête en avançant ou en reculant

- 2 joueurs
- 1 ballon

1. Placez-vous face à face à 3 m l'un de l'autre.

2. Commencez par vous envoyer le ballon à la main. Ton copain t'adresse le ballon en hauteur, tu effectues une tête vers ses bras.

3. Puis vous réalisez la même chose en avançant et en reculant, toujours à 3 m l'un de l'autre.

4. Réalisez le même exercice en jouant tous les 2 avec la tête. Comptez les contacts et essayez de battre des records.

La rentrée de touche

Plusieurs fois par match, le ballon est expédié hors des limites du terrain. Les remises en jeu peuvent devenir des actions essentielles pour assurer la possession du ballon.

touche sans élan

Sans élan

Les pieds bien posés derrière la ligne, tes mains tenant le ballon bien au-dessus de ta tête, tu effectues un retrait du buste que tu projettes ensuite vers l'avant. Tu envoies le ballon sur un coéquipier et tu termines ton geste en déséquilibre en pénétrant sur le terrain.

Avec élan

Éloigne-toi de la ligne de touche. Démarre ta course le buste penché en arrière, le ballon derrière la tête, un pied en avant. Bloque ta progression, les 2 pieds au sol. Ton buste bascule en avant et tes mains lâchent le ballon quand il arrive au-dessus de la tête.

touche avec élan

Pouces !

Tes paumes enserrent le ballon par le côté, légèrement sur l'arrière du ballon. Les pouces, presque perpendiculaires aux autres doigts, ont pour mission d'éviter au ballon de s'échapper vers l'arrière.

Les touches, dans la catégorie débutants, s'effectuent au pied. Pose le ballon derrière la ligne et frappe de l'intérieur du pied pour être plus précis.

La précision de tes rentrées de touche

Toi et ton copain avez besoin de 3 ballons et de 5 plots ou quilles. Vous devez placer les plots à différentes distances (5 m, 8 m et 10 m) d'une ligne que vous avez tracée, avec une ficelle par exemple.

Le ballon est lâché au moment opportun, dans la direction choisie.

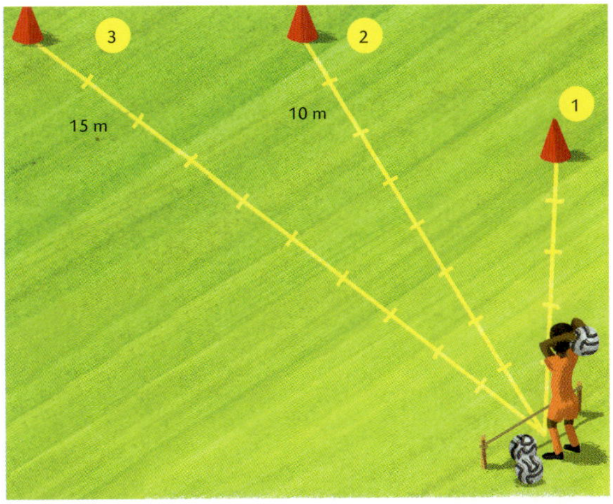

1. Tu réalises des touches successives en essayant d'atteindre les plots. Vous pouvez réaliser un concours qui attribue 1 point au plot n° 1, 2 points au plot n° 2 et 3 points au plot n° 3.

2. Pour améliorer la direction en même temps que la précision, vous placez 5 plots à des endroits différents. Au moment où tu t'apprêtes à redresser ton buste, ton copain crie un numéro de plot. Tu dois adapter instantanément ta position pour atteindre le plot désigné.

3. Pour varier encore plus la rentrée de touche, réagir aux déplacements de tes coéquipiers et viser les intervalles, ton copain peut se placer derrière un des plots et bouger au dernier moment : le ballon doit arriver dans sa course.

Bien défendre

La technique du football intègre aussi quelques gestes techniques qui consistent à empêcher la progression de l'adversaire et à lui prendre le ballon.

Le marquage

Marquer veut aussi bien dire « expédier le ballon dans le but adverse » que suivre tous les déplacements d'un adversaire en se tenant le plus près possible de lui. On marque toujours un adversaire dos à sa propre ligne de but et jamais de côté, ni entre lui et son but. Tu vas ainsi chercher à contrarier ses déplacements, à inciter un de ses partenaires à ne pas lui envoyer le ballon. Tu vas aussi intercepter celui-ci s'il lui est transmis et le récupérer s'il est entré en sa possession.

Épaule contre épaule

La charge d'un adversaire à l'épaule est autorisée. À condition de ne pas l'envoyer à terre ou contre les balustrades du terrain.

Marquage serré « à la culotte » pour le défenseur au maillot rayé.

Attention !

Tu ne dois ni décoller les pieds du sol, ni lancer la semelle vers l'avant, ni heurter la cheville de ton adversaire pour le faire tomber ! Dans ces 3 cas, tu seras sanctionné.

Le tacle

C'est un geste spectaculaire qui consiste à déposséder son adversaire du ballon en éloignant ce dernier de ses pieds.

1. Tu arrives à hauteur de l'attaquant. Tu te laisses glisser sur la fesse gauche en lançant ta jambe droite vers le ballon que tu vas toucher avec le cou-de-pied.

2. Un tacle glissé qui permet de récupérer le ballon en le ramenant dans ses propres pieds est un geste défensif très réussi.

Apprendre à marquer

Révise le marquage par des exercices de défense individuelle, sans t'éloigner de ton adversaire et sans perdre le ballon des yeux.

Ne pas lâcher son adversaire

Toi et ton copain avez seulement besoin d'1 ballon. Vous pouvez organiser un concours : celui qui récupère le ballon le plus vite sort vainqueur de la confrontation.

1. Tu te places derrière ton partenaire qui court en changeant constamment de rythme et de direction. Tu dois calquer ta course sur la sienne sans jamais être éloigné de lui de plus d'1 m.

2. Puis ton partenaire fait la même chose avec un ballon. Tu dois le lui subtiliser le plus rapidement possible. Inversez les rôles et ainsi de suite.

Le carré de défense

Vous devez être 3 joueurs. Il faut 2 ballons, 10 m de ficelle et 4 pierres.

1. Tracez un carré de 2,5 m de côté avec la ficelle et les pierres. Tes 2 copains conduisent le ballon dans le carré. Tu dois le leur prendre et le garder le plus longtemps possible.

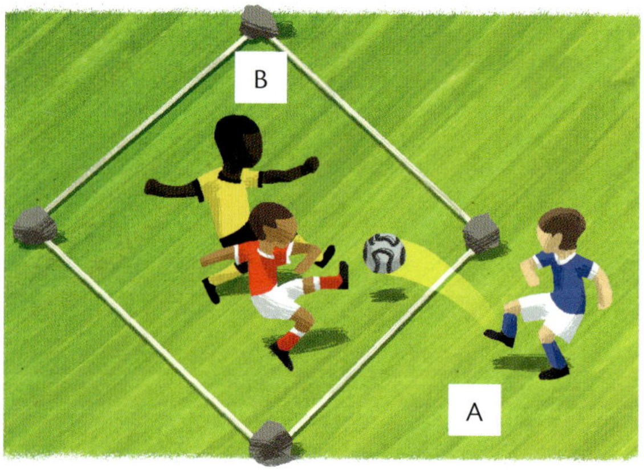

2. Un de tes copains (A) s'éloigne du carré et cherche à expédier le ballon à l'autre copain (B). Tu dois récupérer le ballon, soit avant qu'il ne le contrôle, soit après.

marquage serré, et sans faute, de Lissandro Lopez sur Kyrgiakos

Quel tacle !

Attention, ton tacle doit être réalisé avec le cou-de-pied et non avec la semelle ! Pour 2 joueurs, vous avez besoin d'1 ballon et de 6 plots ou quilles.

1. Placez les plots comme l'indique le dessin.

2. Ton partenaire débute sa course depuis le plot A vers le plot B. Au moment où il atteint ce dernier, il accélère sa course, vers la droite ou la gauche, pour franchir les plots C ou D.

3. Tu dois le tacler au moment où il les franchit.

Révise les gestes techniques

Voici des jeux et des exercices pour travailler tous les gestes techniques des joueurs de champ !

Apprends le tennis-ballon

Tu peux, avec tes copains, réaliser ce jeu sur un vrai terrain de tennis, mais tu peux aussi matérialiser toi-même l'aire de jeu.

- **2 joueurs ou plus**
- **Ficelle**
- **Craie**
- **Piquets ou poteaux ou arbres**

1. Tends une ficelle entre 2 arbres ou 2 poteaux, à une hauteur de 75 cm.

2. Trace ensuite le terrain avec de la craie, ou une ficelle si vous jouez sur de l'herbe.

3. Organisez des petites compétitions de tennis-ballon à 1 contre 1, 2 contre 2 ou 3 contre 3. Définissez les règles du jeu :
- sans rebond ;
- avec rebond ;
- avec toutes les surfaces de contact (pieds, tête, cuisses, poitrine) ;
- seulement avec la tête ou seulement avec les pieds.

Disputez des matchs en 20 points. Tous les points sont comptabilisés, l'engagement est accordé à l'équipe qui vient de gagner le point.

Joue au mur-ballon

Comment varier les tirs et les contrôles ? Ton copain et toi tirez alternativement contre le mur, après contrôle.

- **2 joueurs ou plus**
- **1 ballon**
- **1 mur**

1. Variez les tirs : francs, brossés, lobés… et les contrôles : amortis, orientés, blocages… Soyez toujours en mouvement : les déplacements sont fondamentaux pour la réussite de l'exercice.

2. En créant une surface de jeu, vous compliquez l'exercice du mur-ballon en vous obligeant à tirer correctement et à améliorer sensiblement la qualité du contrôle.

3. Organisez un concours : tout tir dont le rebond est extérieur à la surface de jeu donne 1 point de pénalité au tireur. Tout contrôle raté dans la surface de jeu donne 1 point de pénalité au receveur. Le premier joueur comptant 10 points a perdu la manche.

Les parcours

Ces parcours semés d'embûches vont te mettre en scène dans des actions coordonnées de conduites, de passes, de contrôles et de tirs.

Le CPCT

Il signifie : conduites, passes, contrôles et tirs. Commence par réaliser cet exercice assez lentement pour bien maîtriser tes gestes techniques, puis accélère progressivement. Le départ est placé à 15 m du but et le plot A à 10 m du but.

1. Tu conduis le ballon, tu slalomes entre les 3 premiers plots, tu adresses une passe à ton copain, puis tu poursuis ta course pour recevoir le ballon entre les plots A et B.

2. Tu effectues ensuite un contrôle orienté qui te met en bonne position de tir.

3. Tu tires.

4. Vous inversez les rôles tous les 5 passages.

un parcours semé d'embûches avant de s'approcher du but

Tirer vite et bien à la fin du parcours.

Le PLTCPT

C'est le parcours « passe, lancer, tête, contrôle, passe et tir ».

1. Tu passes à ton copain qui se saisit du ballon avec la main et le renvoie en hauteur dans ta course.

2. Tu le lui retournes par une tête piquée.

3. Il contrôle le ballon et t'adresse une passe entre les plots A et B.

4. Tu tires sans contrôle.

5. Changer les rôles tous les 5 passages.

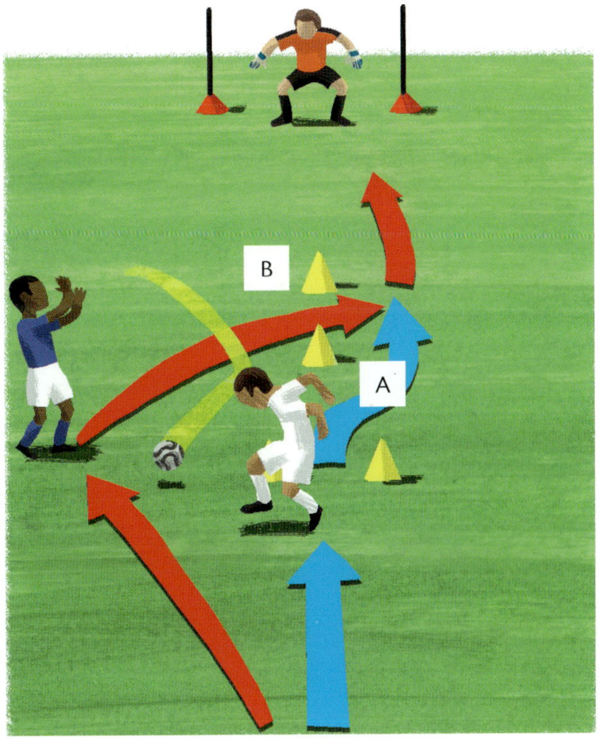

Deviens un vrai joueur de champ

Les parcours peuvent bien sûr être modifiés en fonction de la configuration des lieux et des objets dont tu disposes.

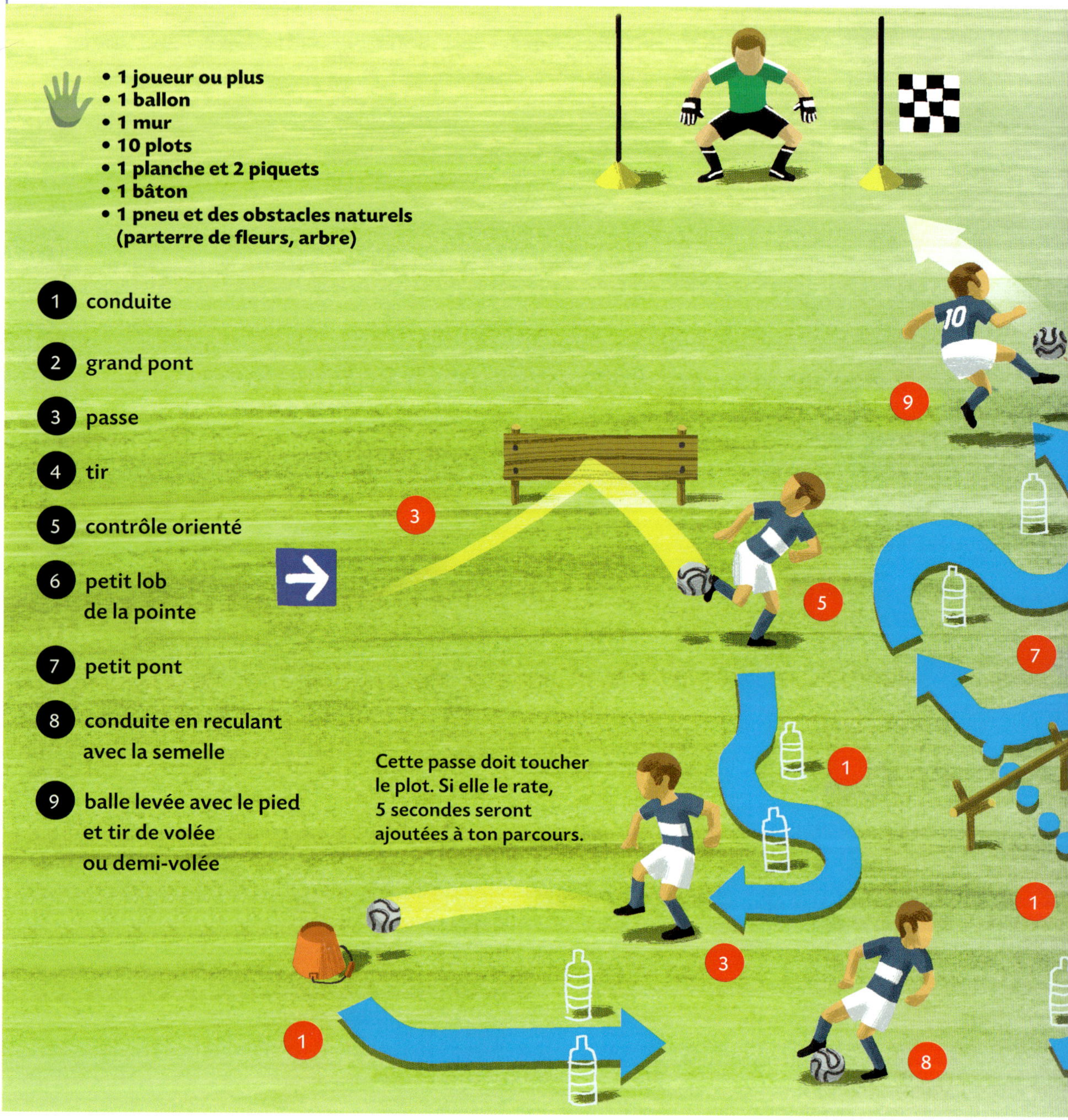

- **1 joueur ou plus**
- **1 ballon**
- **1 mur**
- **10 plots**
- **1 planche et 2 piquets**
- **1 bâton**
- **1 pneu et des obstacles naturels (parterre de fleurs, arbre)**

1 conduite

2 grand pont

3 passe

4 tir

5 contrôle orienté

6 petit lob de la pointe

7 petit pont

8 conduite en reculant avec la semelle

9 balle levée avec le pied et tir de volée ou demi-volée

Cette passe doit toucher le plot. Si elle le rate, 5 secondes seront ajoutées à ton parcours.

1. Commence par clouer ou faire clouer par un adulte la planche sur 2 piquets, puis trace le parcours en plaçant cette planche clouée, les plots, le pneu et la petite haie.

2. Avec tes copains, organisez un concours chronométré. Le chronomètre est déclenché au moment où tu quittes le point de départ. Il est arrêté au moment où le ballon atteint le but (premier parcours) ou il coupe la ligne d'arrivée (second parcours).

reusch

Hugo Lloris, les yeux fixés sur le ballon, s'apprête à capter le ballon au sol, dans la niche.

LE GARDIEN DE BUT

Il porte le n° 1, il est le dernier rempart, le seul joueur de l'équipe à pouvoir utiliser ses mains pour jouer. Si tu aimes les risques et les responsabilités, tu vas apprendre toutes les techniques et les astuces du gardien de but.

Attention aux buts !

Seul joueur autorisé à manier le ballon avec les mains, le gardien de but apprend des gestes techniques spécifiques pour arrêter les tirs des adversaires.

Un grand registre

Le registre du gardien de but est riche : les arrêts, les plongeons, les claquettes, les sorties, les fermetures d'angle, les relances à la main et au pied. La réalisation de ces gestes techniques exige de la concentration, de la vitesse, de la témérité, de la détente, de l'adresse et de la souplesse.

L'arrêt au sol

Pour éviter que le ballon ne passe entre les jambes du gardien, il faut lui fermer la porte à double tour. Le premier écran sera donc les mains. Elles sont ouvertes devant le reste du corps, les 2 petits doigts le plus près possible l'un de l'autre. Le deuxième écran sera les jambes. Le corps du gardien est légèrement de biais par rapport au ballon. Le genou droit est posé à terre près du talon gauche. Le gardien se saisit du ballon et le ramène à la « niche », c'est-à-dire entre ses 2 bras, bien collés contre sa poitrine.

prise de balle au sol

Les plongeons sur ballons au sol

Tu plonges sur le côté : ton corps, tes bras et tes mains s'opposent latéralement au ballon, qu'elles saisissent et ramènent à la « niche ».

On ne plonge pas à plat ventre : le ballon risque de passer sous le corps !

L'arrêt à mi-hauteur

Tu creuses la poitrine pour préparer la « niche ». Tes épaules sont rentrées et tes coudes rapprochés. Tu bloques le ballon, qui ne doit pas ressortir de la « niche ».

Éviter le plongeon inutile

Quand tu peux te saisir du ballon après un simple déplacement latéral, il n'est pas utile de réaliser un plongeon, sûrement spectaculaire mais facteur de risque.

1. Pour mieux sécuriser ton geste, tu peux te laisser tomber au sol, sur les coudes, une fois le ballon récupéré.

2. Puis, tu maintiens solidement tes épaules et tes coudes rapprochés. Tes mains ferment la porte.

Les arrêts de ballons aériens

un arrêt en extension

La parade réussie et sécurisée consiste à se saisir du ballon et à bien le contrôler, mais lorsque c'est impossible en raison de sa trajectoire ou de la pression des adversaires, le gardien possède d'autres parades.

L'arrêt en extension

Tu dois te saisir du ballon au sommet de sa trajectoire. Tes mains sont mises en opposition, doigts vers le haut. Dès la saisie, tu ramènes le ballon au chaud à la « niche ».

Le triangle de sécurité

Sur les ballons aériens, si tu te saisis du ballon par les côtés, paumes face à face, tu risques de le voir filer dans le but comme une savonnette. Les index et les pouces forment un triangle et confortent les paumes dans leur saisie du ballon : il ne peut pas passer !

Les impulsions sur balles aériennes

En premier lieu, les foulées de la course d'élan sont rapides et courtes pour mieux préparer l'appel. L'impulsion peut se prendre sur les 2 pieds ou, le plus souvent, sur un seul pied, le gauche si le ballon arrive sur la droite du gardien et inversement. La jambe d'appui est légèrement fléchie, les 2 bras se soulèvent pour aider le corps à s'élever. L'impulsion s'effectue sur la pointe du pied, la jambe libre est fléchie. Le haut du corps est toujours orienté vers le jeu. La réception s'effectue sur le pied qui a donné l'impulsion.

La claquette arrière

Dans le cas d'un ballon qui te lobe, tu te propulses avec ta jambe arrière. Ton impulsion est forte et ta détente, maximale. Tu claques le ballon avec la main droite si le ballon vient légèrement sur ta droite, avec la main gauche si le ballon vient légèrement sur ta gauche.

claquette avec main droite

Le poing ou les poings

Lorsque tu es au maximum de ton extension ou que tu es pressé par l'adversaire et que tu veux limiter les risques de laisser échapper le ballon, tu le boxes. L'avant-bras se détend, poing bien serré pour frapper le ballon en son milieu.

Les claquettes latérales

Dans le cas d'un ballon bas, l'impulsion se fait sur la jambe opposée au côté de la détente, la jambe droite si le ballon vient sur ta gauche et la jambe gauche si le ballon vient sur ta droite. Tu claques de la main correspondant au côté du plongeon. Dans le cas d'un ballon haut, tu te propulses avec la jambe correspondant au côté du plongeon et tu claques avec la main s'y rapportant également. Tu utiliseras la main opposée pour les ballons sous la barre transversale.

claquette latérale sur ballon bas

claquette main opposée sur ballon haut

Les sorties

Vigilant sur sa ligne de but, le gardien de but doit aussi être le maître de sa surface de réparation et savoir se saisir des ballons qui pénètrent dans son domaine.

Décision et vitesse

La sortie est une décision irrémédiable qui exige une excellente appréciation de la trajectoire du ballon, de la vitesse et de la course des adversaires. Quand la décision est prise, il faut prendre ses responsabilités et ne pas reculer après réflexion au milieu de la surface ! Les sorties doivent aussi être extrêmement rapides, ou alors mieux vaut ne pas sortir et se contenter de réduire l'angle.

La réduction d'angle

Eh oui, un peu de géométrie, ça ne fait pas de mal, même au foot ! Plus tu avances vers le porteur du ballon, plus tu réduis son angle de tir. Tu dois te placer sur la bissectrice de cet angle de façon à fermer celui-ci, debout avec tes bras écartés, ou de toute la longueur de ton corps dans un plongeon.

Des principes de sécurité

Essaie d'intervenir au moment où le ballon est décollé du pied de l'adversaire. Passe très rapidement de la position debout à la position au sol et choisis le bon côté pour te coucher (sur le flanc droit si le ballon vient à droite et inversement). Ne te lance pas les pieds en avant.

Bien choisir la parade

La puissance athlétique des attaquants, leur détente verticale et la qualité de leur jeu de tête sont des paramètres à appréhender pour choisir ta parade. Tu te saisiras du ballon pour le ramener à la « niche » si les attaquants ne sont pas pressants. Tu dégageras des poings si le risque est trop grand. Attention, cherche toujours à boxer le ballon à l'opposé de sa trajectoire d'arrivée.

La sortie dans les pieds, c'est plonger...

... et saisir le ballon !

La sortie dans les pieds

Parti à la rencontre de l'attaquant en possession du ballon, tu plonges latéralement en mettant ton corps en opposition à la course de ton adversaire. Tu te saisis du ballon sans faire de faute, ton adversaire recherchant une raison de s'écrouler dans la surface et de bénéficier d'un penalty. Si le tir est déclenché avant que tu puisses te saisir du ballon, ton corps servira de rempart si ta fermeture d'angle a été bien faite.

Une bonne lecture

Tu dois bien étudier le placement des adversaires et partenaires, réagir dès que le ballon a quitté les pieds de l'adversaire qui centre ou adresse un ballon en profondeur. Il est également nécessaire de bien appréhender la trajectoire et la hauteur du ballon, d'agir vite, de ne pas hésiter et de ne pas reculer une fois que tu as engagé ta sortie.

Les sorties aériennes

Tu constateras que, désormais, un grand nombre de gardiens de but hésite à quitter leurs cages sur les ballons aériens. Et pourtant de nombreux buts pourraient être évités si le gardien s'imposait davantage dans sa surface.

Relances et dégagements

Le gardien est le dernier défenseur et aussi le premier attaquant de l'équipe. De la qualité de sa relance et de ses dégagements peut également dépendre le sort d'un match.

Pour une relance à la main en hauteur, tu prépares ton geste. Ta main gauche désigne l'objectif.

Les relances à la main en hauteur

Ta main gauche est levée et désigne la direction de la relance. Ton corps est penché en arrière. Son poids repose sur la jambe droite. Ton bras droit est tendu en arrière. Attention de ne pas laisser échapper le ballon à ce moment-là ! Simultanément, ta main gauche se baisse, ton bras droit agit comme une catapulte, le poids de ton corps bascule vers l'avant sur la jambe gauche. Ta main droite décrit un arc de cercle et propulse le ballon dès qu'elle franchit l'axe de tes épaules.

Tu propulses le ballon au moment où le bras passe à la verticale du corps.

À la main au sol

C'est un peu le même geste que le précédent. La main droite tient le ballon, paume vers le bas, contre l'avant-bras. Cette fois-ci, le ballon est lâché au niveau de la jambe avant, la gauche.

Le ballon doit être accompagné le plus possible pour lui donner de la précision.

Au pied

Agissant souvent comme un défenseur supplémentaire, le gardien possède une frappe du pied puissante et précise, qu'il travaille à l'entraînement. Il doit aussi maîtriser l'art du crochet pour éviter un contre.

Le dégagement de volée

Selon tes aptitudes ou tes préférences, tu effectues tes dégagements soit de volée, soit en drop en demi-volée. Dans les 2 cas, au moment du lâcher, tu tiens le ballon à une main.

Passeur décisif

Certains gardiens expédient le ballon au-delà de la ligne médiane en relançant le ballon à la main. Il arrive même qu'un gardien devienne passeur décisif sur une belle relance ou un beau dégagement lorsque l'attaquant s'en va marquer le but à la réception du ballon.

1. Ta jambe droite prend son élan en arrière du corps. Ton bras gauche sert de balancier.

2. Ton bras gauche bascule devant ton corps penché en arrière au moment de la frappe pour élever la trajectoire du ballon. Ton pied d'appui est solidement ancré dans le sol.

Le coup de pied de but

Le ballon posé dans la surface de but, tu prends suffisamment d'élan et t'élances vers le ballon. Après le contact, ta jambe de frappe doit accompagner le ballon, pour bien le diriger.

Pour donner une trajectoire montante, ton pied d'appui se pose en arrière du ballon et tu frappes celui-ci dans sa partie basse par l'extrémité du cou-de-pied.

Le dégagement en drop

C'est le même geste technique que pour le dégagement de volée, mais le ballon va toucher le sol avant le contact avec le pied de frappe. Pour certains gardiens, cette forme de dégagement permet une trajectoire plus précise et plus longue.

Manie le ballon

Voici des exercices pour améliorer ton habileté, tes réflexes et ta maîtrise du ballon. Apprends aussi à contourner les obstacles.

Garde le contact

- **1 joueur**
- **1 ballon**

1. Tu fais rebondir le ballon devant toi, derrière toi et sur les côtés.

2. Tu dois t'en saisir au sommet de son rebond, les mains bien positionnées en triangle. Tu ne dois surtout pas le laisser échapper.

Maîtrise le ballon au sol

- **1 joueur**
- **1 ballon**

1. Fais rouler le ballon entre tes jambes, d'arrière en avant, avec ton pied gauche ou avec ton pied droit.

2. Puis récupère-le immédiatement au sol en plongeant.

Saisis le ballon en contournant les obstacles

- **2 joueurs**
- **1 ballon**
- **6 quilles ou plots**

1. Tu cours en pas chassés entre les plots, vers la droite puis vers la gauche.

2. Ton copain t'adresse le ballon à hauteur de la poitrine, du visage et au-dessus de la tête.

3. Tu t'en saisis avec le « triangle de sécurité » et en ramenant les 2 coudes sur ton corps, puis tu le renvoies avec une extension forte des 2 bras.

Le ballon arrive dans la niche à mi-hauteur.

Améliorer les réflexes de saisie

Avec ton copain, vous avez besoin d'un seul ballon.

1. Tu tournes le dos à ton copain qui se tient à 3 m de toi.

2. Au signal, il envoie le ballon dans ta direction à différentes hauteurs.

3. Tu te retournes, tu appréhendes la direction du ballon, tu t'en saisis et tu le ramènes à la « niche ». Fais attention à tes appuis.

Conseil

Tu dois rester légèrement sur la pointe des pieds dans la position d'attente, les jambes à demi fléchies.

Récupérer le ballon après un déplacement court

Pour cet exercice, un ballon suffit. À toi de jouer !

1. Tu lances le ballon en l'air à 2 m devant toi.

2. Tu dois t'accroupir, te relever, courir, passer sous le ballon, te retourner et t'en saisir à mi-hauteur pour le ramener à la « niche ».

Se saisir du ballon en position aléatoire

Ce petit jeu doit se pratiquer sur un terrain meuble, comme de l'herbe ou du sable.

1. Tu lances le ballon comme précédemment.

2. Tu effectues une roulade avant et tu dois te relever et récupérer le ballon à mi-hauteur.

Le genou droit et le talon gauche ont fermé la trappe derrière les bras.

Saisis le ballon en mouvement

Tu dois toujours être mobile et réactif.
Apprends à bien te saisir du ballon en te déplaçant.

T'as capté ?

Tu dois bien te déplacer et capter le ballon dans la « niche ».
Ne plonge que si cela est vraiment nécessaire.

- **1 joueur**
- **1 mur**
- **1 ballon**

1. Tu frappes avec le pied à mi-hauteur du mur.

2. Une fois ton tir déclenché, tu dois appréhender la direction de retour du ballon et te déplacer latéralement pour t'en saisir, toujours à mi-hauteur.

3. Dès que tu as frappé, reste très attentif et très tonique sur tes appuis pour déclencher ton déplacement.

Assure !

L'objectif : bien assurer la prise de balle, se relever vite et bien poser ses appuis en avançant.

- **2 joueurs**
- **1 ballon**
- **1 terrain meuble**

1. Ton copain se tient face à toi à une distance de 3 m. Il t'adresse le ballon de la main, à mi-hauteur.

2. Tu dois le bloquer dans la « niche » puis assurer ta prise par un plongeon avant.

3. Tu lui renvoies le ballon en avançant tandis que ton partenaire recule. Il t'adresse à nouveau le ballon et ainsi de suite.

Maîtriser les ballons aériens

Que tu le boxes, que tu le claques ou que tu t'en saisisses, tu dois intervenir lorsque le ballon est au plus haut pour éviter que les têtes adverses s'en emparent.

Après avoir boxé le ballon, tu dois retrouver tes appuis et garder l'équilibre.

Hyperconcentré

L'analyse de la trajectoire, l'impulsion, la frappe du poing, ton retour sur terre et la relance... Ne commence pas à réfléchir à l'utilisation finale du ballon au début du geste : c'est la meilleure façon de le laisser s'échapper !

La prise de balle haute

Suivant l'orientation du ballon, tu avances ou tu recules, mais la prise de balle doit se faire au sommet de la trajectoire.

1. De la main, tu lances le ballon en hauteur contre un mur. Pour provoquer un rebond plus ou moins long, tes tirs doivent être de différentes intensités.

2. Tu le ramènes ensuite à la « niche ».

L'impulsion verticale

Pour la travailler, tu dois être attentif et concentré. Avec ton copain, vous avez besoin d'1 ballon, d'1 gros rondin de bois, d'1 planche, d'1 marteau et de 2 grosses pointes.

1. Avec l'aide d'un adulte, commence par construire le tremplin en clouant la planche sur le rondin de bois.

2. Prends ton élan à 5 m du tremplin. La course est rapide, l'impulsion sur le tremplin est franche.

3. Tu dois te saisir du ballon lancé par ton copain au sommet de sa trajectoire.

4. Tu retombes au sol sur tes appuis en ramenant le ballon à la « niche ». Ton copain peut aussi varier les hauteurs pour te surprendre.

Ballon bien calé conte la poitrine, tu assures ta réception au sol, un pied après l'autre.

Comment t'en sortir en sortant ?

Un bon gardien doit sortir à bon escient et éloigner le ballon de son but en toutes circonstances.

Tes sorties aériennes

- **2 joueurs**
- **1 ou plusieurs ballons**
- **2 piquets**
- **5 plots ou quilles**

1. Devant des buts matérialisés par des piquets, place les 5 plots ou quilles.

2. Ton partenaire t'expédie les ballons du pied, à la volée et en hauteur devant tes buts.

3. Tu dois sortir, te saisir du ballon en haut de sa trajectoire sans pour cela renverser les quilles. Ces dernières représentent une opposition statique. Elles t'obligent à bien observer la direction que prend le ballon tout en tenant compte des obstacles dans ton aire de jeu.

Prends un cours de claquettes

- **2 joueurs**
- **1 ou plusieurs ballons**
- **2 piquets**
- **1 plot**

1. Ton copain se place face au but, à 10 m environ.

2. Il commence par des tirs en hauteur, près des piquets.

3. Tu dois écarter le ballon en extension. Si le ballon vient sur ta gauche, tu pousses sur la jambe gauche et tu claques le ballon avec la main droite.

4. Au signal, viens toucher le plot de la main pendant que ton copain t'adresse le ballon en lob.

5. Tu dois reculer et le claquer au-dessus du but. Attention déplace-toi en pas glissés arrière, pousse sur la jambe gauche et claque le ballon de la main gauche si le ballon vient légèrement sur ta gauche. Et inversement si le ballon vient sur ta droite.

Tu mets ton corprs en opposition avant de capter le ballon.

La prise de balle au sol

Un grand nombre de ballons arrive vers le but à ras de terre. Apprends à t'en saisir aussi bien sur ton côté favori que sur l'autre côté, celui où tu rechignes à plonger.

Pas chassés et arrêts

Pour cet exercice, il faut 2 ballons et 3 plots ou piquets.

1. Dispose les plots (ou plante les piquets) à 3 m les uns des autres.

2. Ton copain se tient à 6 m et t'adresse des balles à terre alternativement à droite et à gauche.

3. Tu dois soigner tes déplacements latéraux en pas chassés et te saisir du ballon, le talon contre le genou, sans plonger. Dès que celui-ci est bloqué, tu le relances à la main vers le tireur et tu te déplaces à nouveau latéralement.

Plongeons en urgence

Avec ton copain, vous avez besoin de 2 ballons et d'1 tabouret ou de parpaings.

1. Ton partenaire monte sur le tabouret et tend les bras en croix, un ballon dans chaque main.

2. Au moment où il lâche 1 des 2 ballons, il annonce « droite » ou « gauche ».

3. Tu dois te saisir du ballon avant qu'il ne rebondisse ou au moment du rebond. Pour compliquer l'exercice et t'obliger à être encore plus tonique, ton copain peut ne faire aucune annonce !

3 poteaux pour le déplacement latéral

L'objectif est de plonger latéralement, se saisir du ballon, se relever, relancer le ballon au tireur et se replacer rapidement.

1. Écarte les plots ou piquets extérieurs de 5 m.

2. Ton copain recule à 10 m et t'adresse des frappes puissantes à ras de terre, tantôt à gauche, tantôt à droite, le plus près possible des piquets extérieurs.

Réduire l'angle

Souviens-toi que lorsque tu avances vers le tireur tu réduis son angle de tir. Apprends à fermer l'angle à bon escient.

Au dernier moment

Pour cet exercice, il faut 2 joueurs, 1 ballon, 2 piquets et 4 plots ou quilles.

1. Positionne les 2 plots (A et B) à 10 m face au but, puis 2 autres plots (C et D) plus proches du but et séparés eux-mêmes de 10 m.

2. Ton copain conduit le ballon entre les 2 premiers plots puis choisit, au dernier moment, de contourner un des 2 autres plots sur la gauche ou sur la droite.

3. Un fois ce plot franchi, il doit tirer au but.

4. Tu te tiens sur ta ligne jusqu'à ce que tu découvres la direction prise par ton copain. Dès lors, tu avances pour fermer l'angle et tu dois arrêter le tir.

belle réduction d'Angle du gardien allemand Alexander Nübel

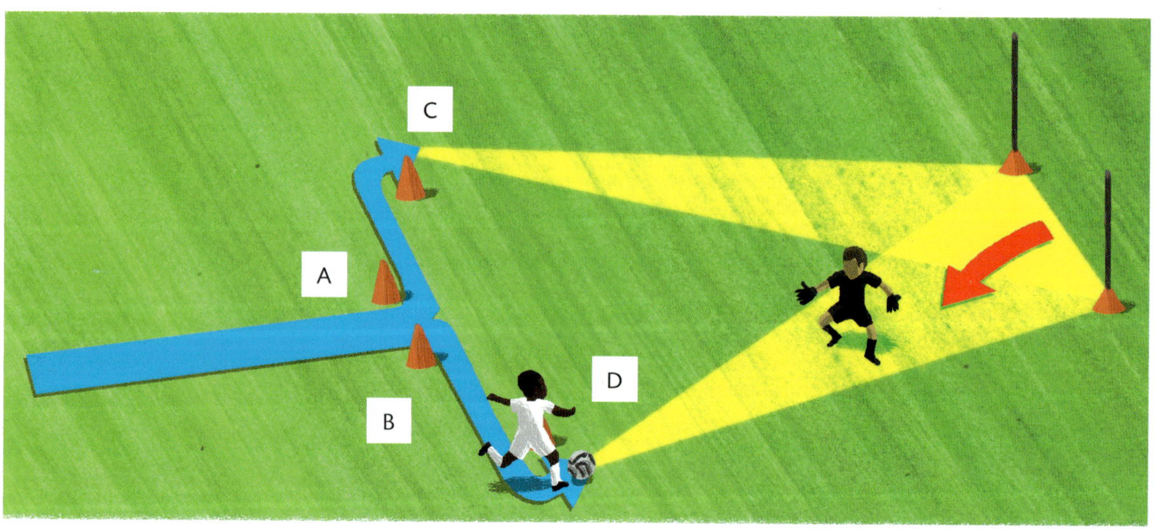

Intervenir dans les pieds

Tu veux t'entraîner à intervenir dans les pieds en réduisant l'angle ? Rien de plus facile. Avec ton copain, vous avez besoin d'1 ballon, de 2 piquets et de 4 plots ou quilles.

1. Tu te places dans le coin opposé.

2. Au signal, ton copain déclenche sa conduite de balle et slalome entre les 2 premiers plots.

3. Tu dois l'intercepter à la sortie des 2 autres plots.

4. Tu te couches sur le ballon faisant barrage à sa trajectoire.

Tes yeux ne quittent pas les pieds de ton adversaire : tu interviens au bon moment.

Relance bien

Le gardien de but est souvent le premier attaquant, celui qui initie l'action offensive depuis sa surface de réparation. Ses relances, qui demandent force et précision, sont fondamentales.

Vise bien

Pour t'entraîner à viser juste avec la main, tu peux organiser un petit concours avec un copain et donner des valeurs aux quilles : 5 points pour les quilles à 10 m, 10 points pour les quilles à 15 m, 15 points pour les quilles à 20 m. Qui sera le gagnant ?

- **1 ou 2 joueurs**
- **1 ou plusieurs ballons**
- **2 piquets**
- **6 quilles ou plots**

1. Tu places les quilles à différentes distances de ton but, à droite et à gauche : 10 m, 15 m, 20 m.

2. Tu dois toucher les quilles en annonçant clairement celle que tu vises. Pour les quilles à 10 m et 15 m, tu effectues les 2 lancers avec la main : la relance basse roulée et la relance haute en arc de cercle. Pour les quilles situées à 20 m, tu effectues seulement la relance haute.

Sois précis !

Pour améliorer ta distance et ta précision avec le pied, tu peux aussi organiser un concours : 5 points accordés pour chaque cible atteinte à 30 m, puis 5 points de plus par cible chaque fois qu'elles reculent de 5 m.

- **2 joueurs**
- **1 ballon**
- **2 piquets**
- **5 quilles ou plots**
- **1 grand terrain**

1. Aligne les 5 quilles à 30 m de ton but. Tu crées ainsi 4 intervalles (A, B, C, D) qui seront tes cibles.

2. Tu dois viser chacune de ces cibles et faire en sorte que le ballon tombe entre les quilles. Tu vas frapper :
- de volée ;
- en demi-volée (drop) ;
- ballon au sol.

3. Ton copain renvoie les ballons.

4. Ensuite vous reculez les 4 quilles de 5 m et vous recommencez l'exercice. Vous ne reculez plus lorsque tu atteins ton maximum de puissance.

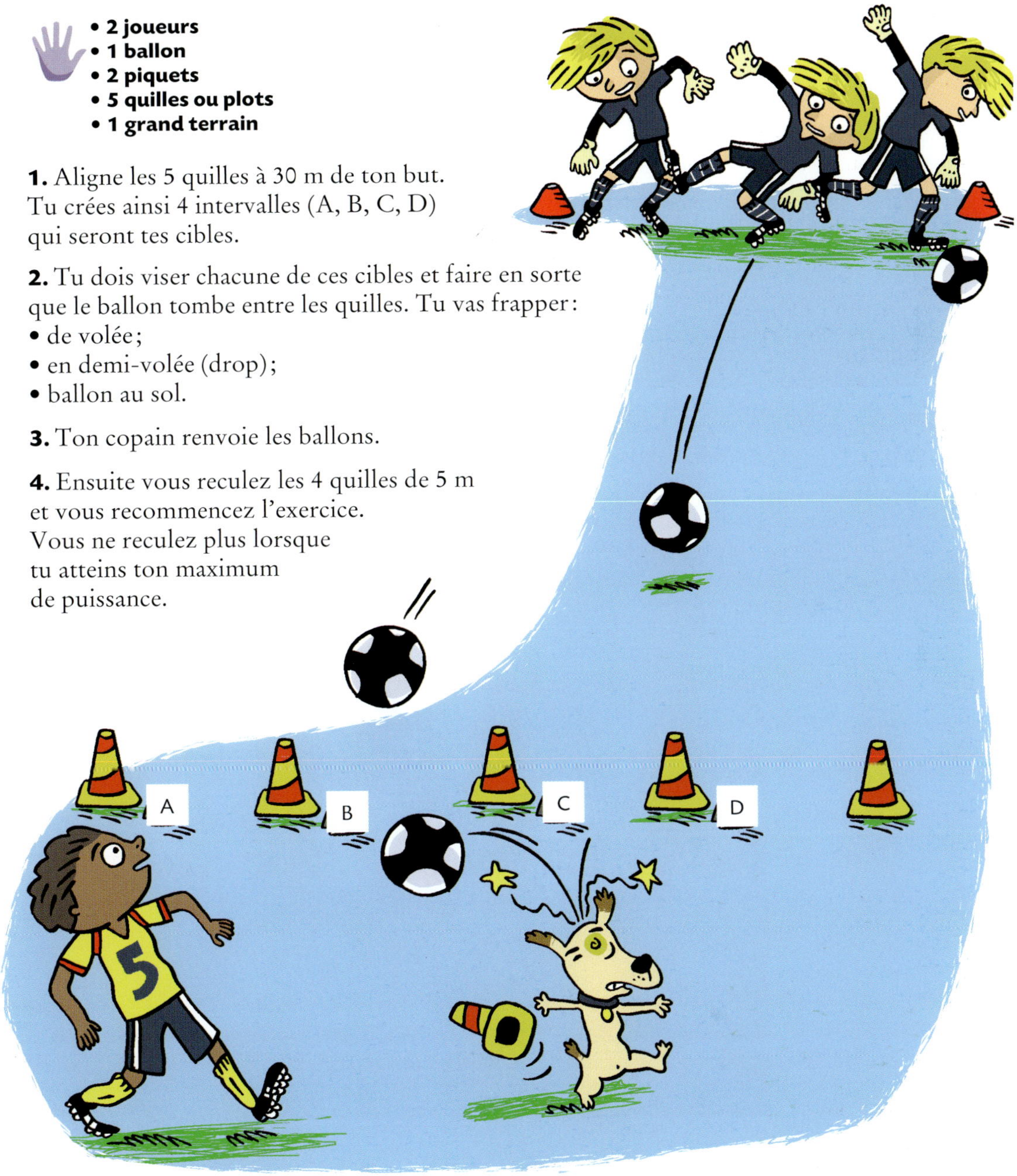

Le binôme crochet-dégagement

Cet exercice va t'apprendre à travailler le crochet-dégagement.

1. Aligne les 4 quilles à 5 m de ta ligne de but.

2. Au signal, ton copain, situé à 20 m de cette ligne de but, adresse une passe appuyée entre les plots centraux. Au même moment, tu démarres et tu cours le plus vite possible au-devant du ballon.

3. Tu effectues un contrôle orienté à gauche ou à droite et tu renvoies le ballon du pied droit ou du pied gauche avec précision vers ton copain.

Ton crochet terminé tu relances par un long dégagement.

- **2 joueurs**
- **1 ballon**
- **2 piquets**
- **4 plots ou quilles**

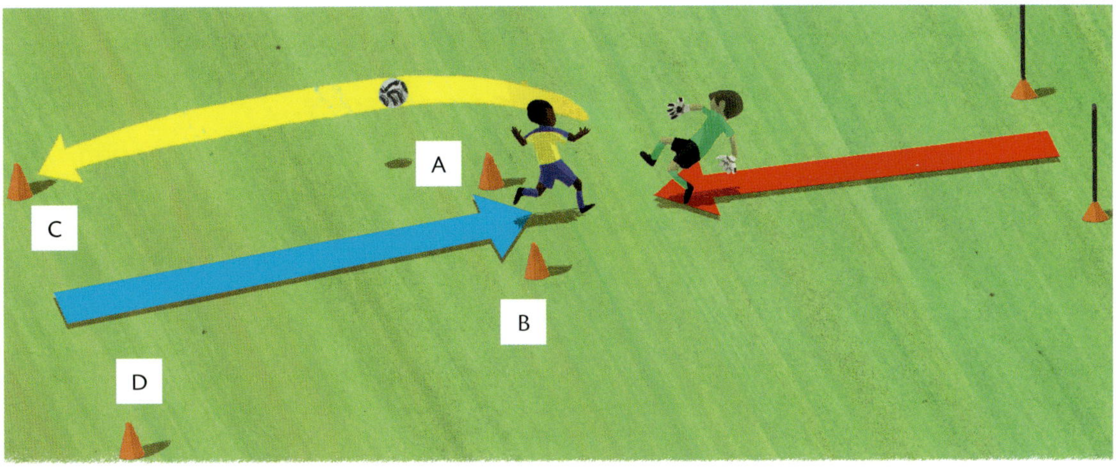

4. Positionne 2 quilles rapprochées (A et B) à 10 m de la ligne de but et les 2 autres quilles (C et D), très écartées, à 20 m de cette même ligne.

5. Ton copain adresse une passe appuyée entre les 2 quilles C et D et poursuit sa course.

6. Dès le départ du ballon, tu bondis de ta ligne : tu dois récupérer le ballon avant que ton copain n'arrive et relancer vers les quilles C ou D.

Quand Baptiste Reynet, le gardien toulousain, dribble Moussa Diaby, le Parisien.

Prêt pour un concours ?

Pour terminer une séance d'entraînement, amuse-toi à organiser des concours d'arrêts et de penalties.

Tous les arrêts ou presque...

Voici des exercices pour réviser les arrêts. Attention, ils sont épuisants. Il faut savoir se reposer après des séquences de tir ou se faire remplacer. Vous devez être 2 joueurs au minimum. Vous avez besoin de 4 ballons, de 2 piquets et de 6 plots ou quilles.

prise de balle impeccable en extension

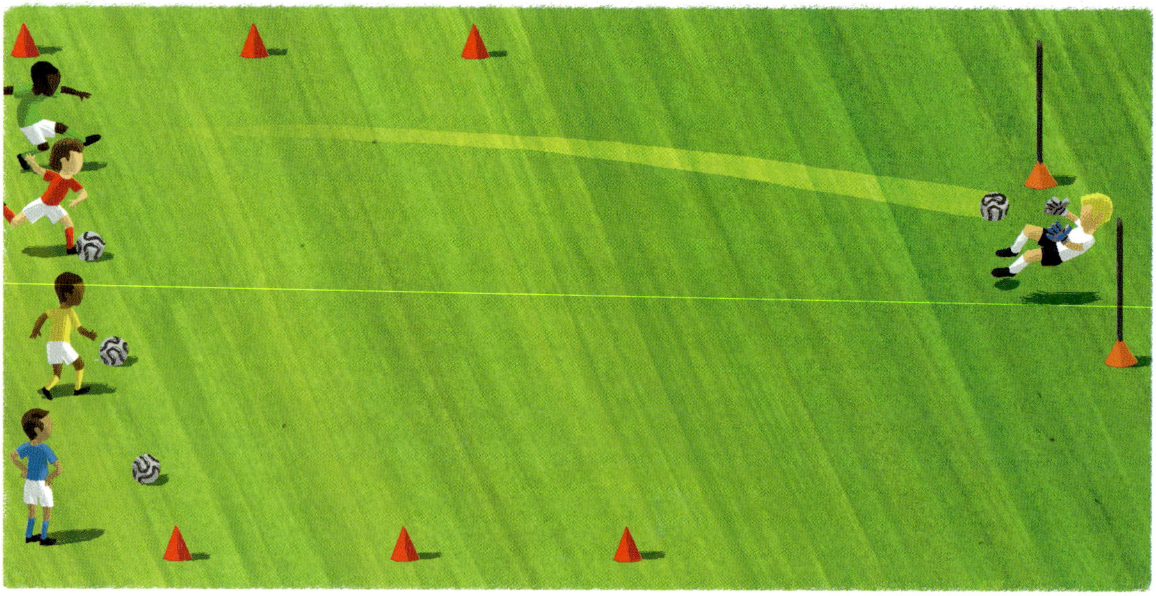

1. Ton ou tes copains place(nt) 2 plots très écartés à 10 m de la ligne de but, 2 autres à 15 m, puis 2 autres à 20 m. Les 4 ballons sont posés entre ces 2 derniers plots.

2. Chaque ballon est expédié vers le but par un tir libre : en force, en finesse, en hauteur, à mi-hauteur, au sol, à droite, à gauche... selon le désir du tireur.

3. Tu essaies d'arrêter le ballon, puis tu te replaces au centre de ton but. Le deuxième tir peut partir, et ainsi de suite.

4. Ensuite, les 4 ballons sont avancés entre les plots de 15 m puis ceux de 10 m. Pour le concours, chacun de tes amis exécute une série de 15 tirs. Chaque arrêt réussi vaut 5 points. Chaque tir hors cadre retire 2 points.

Adversaire bien analysé, plongeon du bon côté : le gardien arrête le penalty.

Des penalties, encore des penalties !

Avec tes copains, vous voulez devenir les rois du penalty ? Entraînez-vous, et surtout soyez attentifs et vifs. Vous avez besoin de 4 ballons et de 2 piquets.

Œil de lynx

Regarde l'attitude du tireur, son regard, son placement avant le tir, sa course d'élan, la position de son pied d'appui, l'ouverture de son pied de frappe pendant le tir. Ne quitte surtout jamais le ballon des yeux.

1. Positionnez le point de penalty à 8 m du but si vous maintenez ce dernier à 5 m de large.

2. Entraîne-toi à distinguer les attitudes des tireurs. Où regardent-ils et où tirent-ils ? Ouvrent-ils leur pied de frappe et tirent-ils en le fermant ? Prennent-ils beaucoup d'élan ? Il n'existe pas mille façons de tirer des penalties : alors tu retrouveras toujours une situation déjà connue. N'oublie pas que tu peux bouger sur ta ligne mais que tu n'as pas le droit d'avancer avant le tir.

L.F.C.
Standard

une belle technique toujours au service d'un collectif pour l'équipe de Liverpool

JOUER ET GAGNER

Pour gagner un match, il faut marquer un but de plus que l'adversaire. Pour marquer, il faut appliquer une stratégie offensive, et, pour ne pas prendre un but, il faut se soumettre à une stratégie défensive. Désormais, tous les joueurs ont la mission d'attaquer et de défendre !

Un changement permanent

Si la technique a très peu évolué depuis 50 ans, les modifications de règles du jeu, l'amélioration de la condition physique des joueurs et les initiatives stratégiques des entraîneurs ont transformé le football de papa.

Toujours la même technique ?

Chaque génération pense innover en matière de technique footballistique. À tort ! Tous les gestes ont été inventés, copiés et répétés.

Du travail toujours et encore

Même si la nature t'a doté de qualités naturelles favorables à la pratique du football, même si tu as l'habitude de marquer après avoir traversé tout le terrain en médusant tes adversaires, tu ne deviendras pas un grand joueur si tu ne te remets pas en question, si tu ne cherches pas constamment à t'améliorer.

Zlatan Ibrahimovic, modèle de puissance et d'élégance

Chacun son geste

L'excellence est rare et surtout très sélective : parce qu'il a certaines prédispositions dès sa naissance ou parce qu'il est doté d'une certaine morphologie, le footballeur a son geste technique de prédilection. Ceux qui cumulent toutes les qualités sont des joueurs d'exception : Pelé, Cruyff, Platini, Maradona, Zidane, Ronaldinho...

Didi conduit le ballon tout en le protégeant.

Quand Zinedine Zidane déclenche un crochet extérieur.

le double démarrage : une redoutable spécialité de Gento

la reprise de volée exécutée par Jean-Pierre Papin

le coup franc direct imparable de Michel Platini

le retourné : ici une « bicyclette » de Samuel Eto'o

le tacle de Lamine Diatta : défensif et efficace

la sortie dans les pieds exécutée par Rodolphe Roche

Des règles évolutives

France-Italie 1951 : le Français Jean Baratte, blessé, est évacué du terrain et ne sera pas remplacé.

Même si les législateurs les modifient rarement, les lois du football évoluent dans le bon sens, à la recherche d'une meilleure efficacité offensive, d'un plus grand respect de l'adversaire et d'une plus grande satisfaction du public.

Les remplacements

Avant 1958, il était interdit de remplacer un joueur blessé. Comment parler de stratégie dans ces conditions ? Pourquoi l'équipe en infériorité numérique, sans que sa responsabilité ne soit engagée, serait-elle pénalisée ? L'autorisation de remplacer les joueurs blessés a donc sensiblement modifié le déroulement des rencontres.

Remplacements temporaires

On peut imaginer, comme au rugby, un remplacement temporaire pour certaines blessures. Pourquoi ne pas transposer au football des grands les règles de remplacements qui se pratiquent dans les catégories des jeunes, ou encore mettre en place les entrées et les sorties temporaires des joueurs au gré de l'entraîneur ?

Les expulsions

Les sanctions se sont sensiblement durcies à l'encontre des joueurs commettant des brutalités ou des actes d'anti-jeu. Ainsi, une équipe dont 2 ou 3 joueurs ont reçu un carton jaune en cours de match sera obligée de modifier son comportement. Le carton rouge systématiquement présenté au joueur coupable d'une faute grave en qualité de dernier défenseur a aussi modifié le cours des matchs. Il est normal que l'équipe du joueur fautif soit pénalisée.

L'équipe dont le joueur est expulsé jouera en infériorité numérique et devra réorganiser sa stratégie.

Le hors-jeu

Les modifications successives de cette loi ont sensiblement transformé les stratégies du jeu offensif en lui donnant plus d'opportunités de se développer.

1. Autrefois, un joueur était hors-jeu s'il se situait entre la ligne de but adverse et 3 défenseurs (gardien compris).

2. Ensuite, ce même joueur était hors-jeu si 2 défenseurs le séparaient de la ligne de but adverse.

3. Troisièmement, ce même joueur se trouvait également en position de hors-jeu s'il était situé sur la même ligne que l'avant-dernier défenseur.

4. Désormais, ce joueur situé sur la même ligne que l'avant-dernier défenseur n'est plus hors-jeu, comme ses partenaires s'ils ne font pas action de jeu.

La passe en retrait au gardien

Avant 1992, les défenseurs pouvaient passer le ballon au pied à leur gardien, qui pouvait s'en saisir à la main. Aujourd'hui, le gardien n'a plus le droit de jouer le ballon à la main sur une passe en retrait au pied ou sur une rentrée de touche.

Mickaël Landreau peut se saisir du ballon passé de la tête par son défenseur Sylvain Armand.

Le temps et la course du gardien

Désormais le gardien de but ne dispose que de 6 secondes pour dégager le ballon dont il s'est saisi avec les mains. Par contre, il peut, durant ce laps de temps, circuler ballon en main, dans sa surface de réparation.

Un physique transformé

Le professionnalisme, l'alimentation, la médecine, l'entraînement et la psychologie ont contribué à modifier les stratégies en donnant au footballeur des qualités et des performances inaccessibles autrefois.

Les entraînements sont quasi quotidiens et très rigoureux.

L'entraînement quotidien

Il donne une condition physique optimale aux joueurs qu'il convient ensuite de gérer pour éviter des excès de fatigue. Les étirements pour assouplir les muscles et les décrassages pour ramener le corps au repos et éliminer les toxines emmagasinées pendant les rencontres sont des exigences nouvelles qui améliorent les capacités des footballeurs.

Mise en condition psychologique

De nombreux clubs s'appuient sur des psychologues. L'objectif est d'empêcher leur équipe de perdre le moral dans les moments difficiles ou lui éviter des excès de confiance.

Le suivi médical

Les médecins disposent de toute une batterie de tests pour déterminer les carences physiques et les solutions à apporter pour les éliminer. Les joueurs subissent régulièrement des tests à l'effort, des électrocardiogrammes et des bilans diététiques.

L'alimentation

L'alimentation du footballeur professionnel est surveillée. Chacun est suivi, conseillé, guidé. Il peut améliorer sa condition physique, éviter les blessures et augmenter ses performances en suivant un régime alimentaire sain.

Les voyages bienfaiteurs

Les rencontres entre nations ou entre clubs de nations différentes sont aussi source d'évolution tactique. Le fait d'être confronté à des thèses différentes permet d'en tirer des éléments de réflexion. Sur cette photo, on voit la rencontre entre 2 continents, 2 nations, 2 couleurs : la Pologne et le Sénégal.

La science des entraîneurs

Ils doivent à présent posséder les diplômes adaptés au niveau des équipes qu'ils entraînent. Au sein de toutes les fédérations, il existe des enseignements spécifiques ponctués par d'examens rigoureux. Les entraîneurs disposent désormais de connaissances techniques, stratégiques, réglementaires et médicales qu'ils appliquent dans leurs séances quotidiennes. Ils cherchent et innovent sans cesse pour trouver le petit plus qui fera la différence.

Un outil indispensable

La vidéo permet certes d'étudier le jeu des adversaires lors de leurs précédents matchs, mais aussi de disséquer le jeu de l'équipe, de revenir sur les erreurs tactiques et d'y remédier. Le tableau noir, encore très utilisé, a trouvé en la vidéo son indispensable complément.

Arsène Wenger, un entraîneur respecté dans le monde du football

Une tactique de base

Une équipe se compose toujours de 11 joueurs présents sur le terrain et d'un certain nombre de remplaçants qui, eux aussi, entrent dans la stratégie collective pour donner la victoire à l'équipe.

Juste après le coup d'envoi, les joueurs de l'équipe blanche, avancés, occupent encore leurs positions initiales.

Des postes initiaux

Les 11 joueurs présents sur le terrain occupent des postes initiaux, en attaque, au milieu du terrain et en défense. Néanmoins, dans le football actuel, il est demandé à chacun de savoir défendre et attaquer. Il existe de nombreux positionnements initiaux selon que l'équipe adopte une stratégie plus offensive ou plus défensive.

Le **gardien de but** évolue dans sa surface de réparation. Non seulement il doit faire preuve de vigilance et d'adresse sur sa ligne de but et dans ses sorties, mais il apparaît aussi comme le premier attaquant de l'équipe. Son placement, sa clairvoyance, son coup d'œil, sa précision au pied et à la main peuvent initier des offensives payantes.

Chargés d'annihiler les attaques dans l'axe, **les défenseurs centraux** doivent faire preuve de complémentarité et d'un grand sens du placement. Ils doivent aussi posséder un bon jeu de tête et suffisamment de clairvoyance dans la relance. Souvent privé d'un adversaire direct, l'1 des 2 est plus appelé à couvrir l'ensemble de sa défense. Les défenseurs centraux sont aussi appelés à « monter » sur les corners ou les coups francs, où leur jeu de tête peut s'avérer très utile.

Plus souvent nommés latéraux qu'arrières latéraux, les **défenseurs latéraux** bloquent les offensives adverses sur les ailes, mais sont aussi de véritables attaquants de couloir. Leur mission est d'empêcher les offensives dans leur zone et de « couvrir » leurs défenseurs centraux. Ils ont remplacé les ailiers d'autrefois, prenant une part active dans les stratégies offensives.

Les **milieux de terrain** évoluent entre les attaquants et les défenseurs. Mais ce n'est pas si simple. Si certains d'entre eux ont un rôle plus défensif et les autres un rôle plus offensif, ils doivent savoir tout faire. Ils couvrent une grande surface et touchent de nombreux ballons.

Nouveau fléau pour les attaquants

Pourquoi le tirage de maillots est-il devenu le moyen le plus sûr de faire échouer un attaquant dangereux ? Jamais, autrefois, un défenseur n'aurait employé ce moyen pour empêcher son adversaire de le dribbler, de sauter ou de courir.

Les **attaquants** sont le plus souvent 2 mais il n'est pas rare que l'on n'en trouve qu'1 seul dans une équipe. Bons techniciens, ils offrent des solutions aux pourvoyeurs de ballon et anticipent sur toutes les occasions qui se présentent. Très exposés, ils subissent souvent le jeu dur des défenseurs.

Les stratégies

Le football a généré de nombreuses tactiques et a constamment évolué vers des stratégies de plus en plus défensives.

3 défenseurs, 2 milieux de terrain et 5 attaquants se positionnaient sur le terrain, formant un W et un M mis dos à dos. On appelait alors les défenseurs « les arrières », les milieux de terrain étaient des « demis », l'attaque utilisait 2 « inters », 2 ailiers et 1 avant-centre. La France, troisième de la Coupe du monde en 1958, a employé cette stratégie du **WM**.

En 1963, Helenio Herrera, entraîneur, est en poste à l'Inter Milan. Il met au point une tactique alternant défense renforcée, voire hermétique, et contre-attaque rapide : le « *catenaccio* » (le **verrou**), comme on l'appelait en Italie. Cette tactique plaçait 1 défenseur « *libero* » derrière la ligne de défense et ne laissait que 2 attaquants.

Fréquente dans le football moderne, la tactique du **4-4-2** met en avant 4 défenseurs, 4 milieux de terrain, dont 2 avancés sur les côtés, et 2 attaquants. Le nombre important de joueurs en défense et en milieu de terrain permet de couvrir le moindre espace et de pouvoir attaquer grâce aux 2 joueurs latéraux.

La stratégie du **4-3-1-2** donne un rôle prépondérant au meneur de jeu, le n° 10, qui évolue derrière ses 2 attaquants et devant 3 milieux récupérateurs. En 1998, la France a appliqué cette stratégie dans laquelle Zidane évoluait juste derrière ses 2 attaquants.

Un seul attaquant évolue devant 2 milieux offensifs. La stratégie du **4-3-2-1** est prudente et peut évoluer en cours de match en fonction du score et de la disposition tactique adverse. Elle se transforme facilement en 4-4-2 ou en 4-5-1.

Renforcer le milieu de terrain s'avère efficace quand le seul attaquant de pointe est endurant mais aussi un joueur habile dans les appels derrière la défense ou dans les réceptions de centres. La stratégie du **4-5-1** est destinée à tenir un score.

Résolument défensive, la stratégie du **5-4-1** annonce clairement sa vocation en plaçant 3 défenseurs centraux dont l'1 peut évoluer devant les 2 autres. Elle est destinée à préserver un résultat et à jouer le contre.

Bien en place, et alors ?

Tu entends souvent les joueurs répondre après une défaite : « Pourtant on était bien en place... » Bien sûr, la tactique est importante mais si elle ne s'appuie pas sur une technique affirmée, sur une bonne condition physique et sur une motivation à toute épreuve, elle ne sert pas à grand-chose.

Évolutions permanentes

Chaque équipe se présente en début de match avec une définition initiale de l'occupation du terrain. Mais les événements qui surviennent durant une rencontre conduisent souvent l'entraîneur à modifier sa stratégie.

Joue au foot à 5, à 7 et à 9

Qu'il soit à 5, à 7 ou à 9, le football des plus jeunes propose lui aussi différentes occupations du terrain.

Le ballon est dans tes pieds, mais tu n'es pas seul sur le terrain !

Le foot à 5

Voici 2 dispositions initiales :

1. Le positionnement A est une méthode tactiquement évoluée. Elle exige une technique déjà affirmée pour les 2 milieux et une bonne vision du jeu pour le défenseur qui couvre toute la largeur du terrain.

2. Le positionnement B partage le champ de jeu en 4 parties : 2 parties offensives et 2 parties défensives. Cela s'adresse plutôt à des joueurs dont la technique est encore hésitante.

Le foot à 7

Voici 3 dispositions initiales :

1. Positionnement A
Cette technique individuelle est simple et peu exigeante. Les attaquants font des allers-retours permanents; ils vont chercher le ballon en défense et le remontent en attaque, et les défenseurs doivent éviter absolument de laisser un trop grand espace entre leur ligne et celle d'attaque.

2. Positionnement B
Offensive et dynamique, cette stratégie s'appuie sur un milieu très à l'aise techniquement et doté d'une autorité naturelle. Les joueurs latéraux ont aussi un rôle intéressant dans les appels de couloir pour venir apporter le surnombre ou épauler les attaquants.

3. Positionnement C
Cette stratégie étoffe le milieu de terrain au détriment de l'attaque. Le rôle des latéraux est encore plus important. L'attaquant doit être en recherche permanente d'espace et d'intervalles. Le défenseur central est le vrai patron de l'équipe.

Le foot à 9

C'est sur le même terrain que le foot à 7 qu'évoluent les équipes de foot à 9. Les exigences physiques peuvent être moindres, mais l'entraîneur peut développer des stratégies plus nombreuses et plus fines.

1. Positionnement A
Cette méthode offensive exige des milieux une grande activité alliée à une bonne technique. Elle demande aussi aux attaquants de gros efforts défensifs quand le ballon est en possession de l'équipe adverse.

2. Positionnement B
Nous retrouvons dans ce positionnement une stratégie très proche du football à 11 moderne. Le milieu de terrain, plus fourni et plus rassurant, est un premier rideau défensif efficace. Les attaquants doivent être mobiles et véloces, et orienter leurs courses et leurs appels sur toute la largeur du terrain.

Le ministère de la défense

un marquage individuel strict sur un corner

Important pour la bonne marche de l'équipe, le « ministère de la défense » engage toutes les troupes disponibles. Tout le monde est chargé de défendre.

La défense individuelle

Elle consiste pour un joueur à prendre en charge un adversaire. Il le suit comme son ombre, l'empêche de se déplacer facilement et de recevoir le ballon, ou essaie de lui prendre ce dernier s'il est en sa possession. Cette méthode de défense n'intervient que lorsque l'adversaire a pénétré dans la zone du défenseur.

La défense de zone

Elle consiste à diviser théoriquement le terrain en zones. Le joueur qui occupe cette partie prend en charge un adversaire dès qu'il y entre. Cette méthode oblige les milieux de terrain à défendre ; elle favorise aussi les interceptions et les relances.

La défense conjuguée

Dans le football moderne, tout le monde doit défendre, y compris l'attaquant de pointe. Non seulement la zone doit être bien défendue, mais le marquage et la défense individuels doivent immédiatement se substituer à la défense de zone si l'attaquant est passé.

La défense conjuguée : l'attaquant n° 9 rouge a passé son adversaire, le n° 11 jaune, et il entre dans la zone du joueur n° 8 jaune. Le n° 9 rouge cherche à éviter le n° 8 jaune, et au moment où il entre dans la zone du n° 7 jaune, il est repris en individuelle par le n° 11 jaune revenu défendre.

Travaille le jeu court

Les partenaires du porteur du ballon offrent des solutions rapprochées. Toujours en mouvement, certains entraînent des adversaires sur des fausses pistes, d'autres se rendent disponibles pour recevoir le ballon. Il faut créer les intervalles, s'y engouffrer et repousser sans cesse la ligne davantage, c'est-à-dire éliminer systématiquement la ligne de défense adverse.

Statégie pour un jeu court à une touche de balle :

1. Le n° 10 jaune est le porteur du ballon. Le n° 3 jaune effectue un appel le long de la ligne, entraînant le déplacement du n° 2 rouge : c'est une fausse piste !

2. Le n° 8 jaune vient donner une solution à son partenaire n° 10. Il se démarque du n° 7 rouge qui le marque.

3. Le n° 10 jaune lui adresse le ballon et « appelle » dans l'intervalle. Le n° 8 jaune lui repasse le ballon sans contrôle et poursuit sa course en diagonale. Le n° 5 rouge est à son tour entraîné sur une fausse piste.

4. Le n° 6 jaune effectue un appel dans l'axe en surprenant le n° 3 rouge ; le n° 10 jaune lui adresse le ballon sans contrôle. Le n° 4 rouge n'a pas eu le temps d'intervenir.

Joue l'offensive en jeu long

Les partenaires du porteur du ballon offrent des solutions éloignées. Les appels des partenaires rapprochés sont finalement des fausses pistes. Reste au porteur du ballon à faire preuve de puissance et de précision.

En situation offensive en jeu long :

1. Le n° 10 jaune est porteur du ballon. Ses partenaires les n° 3, n° 8 et n° 7 jaunes sollicitent le ballon. Ce sont des fausses pistes : le n° 10 jaune choisit une option longue et envoie le ballon dans la course du n° 2 jaune qui a pris de vitesse le n° 11 rouge.

2. Le n° 9 jaune effectue un appel dans l'axe, entraînant le défenseur n° 5 rouge sur une fausse piste.

3. Le n° 2 jaune choisit à son tour le jeu long et trouve, à l'opposé, son partenaire le n° 3 jaune qui a poursuivi sa course.

Jeu court-jeu long

Le football développe en permanence des offensives en jeu court et jeu long alternés. Il faut donner des solutions au porteur du ballon, mais aussi mettre l'adversaire dans l'impossibilité de défendre efficacement.

De l'intérieur du pied, la passe de Cristiano Ronaldo est un cadeau.

Le jeu alterné...

Le n° 6 jaune trouve (A) son partenaire n° 2 dans sa course par une passe longue, puis poursuit sa course. Le n° 8 jaune se défait du marquage du n° 7 rouge pour recevoir le ballon adressé par son partenaire n° 2 en passe courte (B). Il réalise un contrôle orienté et trouve en passe courte (C) le n° 6 jaune qui « appelle ».

Les coups de pied arrêtés

Un tiers des buts marqués dans le football moderne est inscrit sur coup de pied arrêté : corner, coup franc ou penalty. Les séances d'entraînement insistent donc énormément sur les stratégies à mettre en place pour tromper la défense adverse.

... permet une bonne offensive

Marqué par le n° 6 rouge, le n° 6 jaune adresse une longue passe (D) à son partenaire n° 11 qui a effectué un appel le long de la ligne de touche. Le n° 11 jaune utilise le jeu long (E) pour trouver son partenaire n° 10 qui s'est démarqué. Le n° 10 jaune effectue une passe courte (F) dans la course de son partenaire n° 9 qui se défait du marquage de son vis-à-vis, le n° 4 rouge.

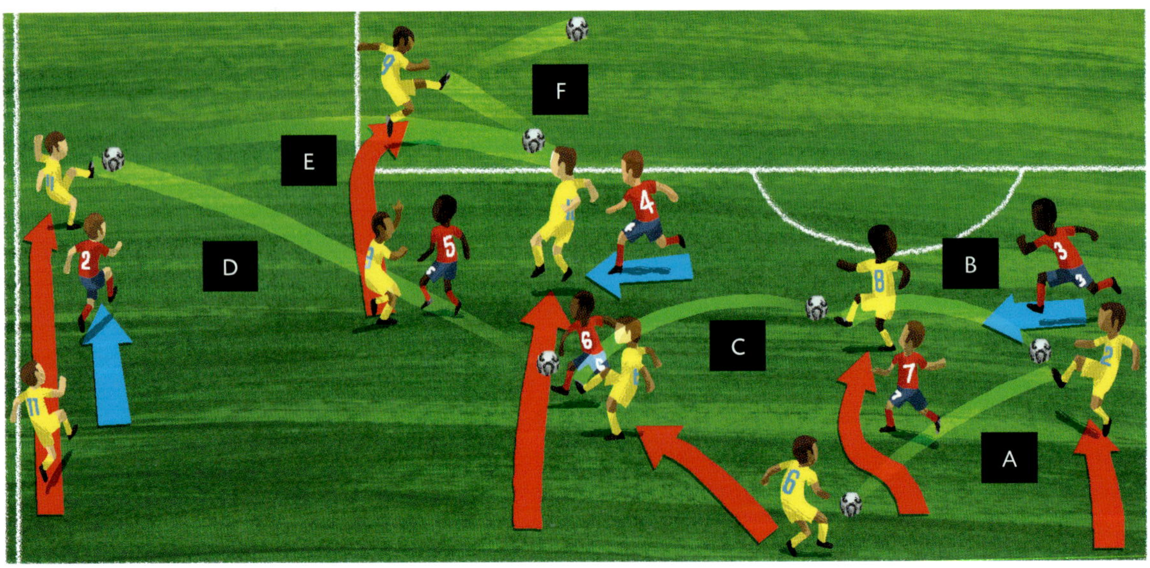

Le coup franc

L'équipe jaune s'apprête à tirer le coup franc indirect. Le gardien des rouges a placé son mur et ses défenseurs sont au marquage strict sur leurs adversaires respectifs.
Les attaquants jaunes bougent pour déstabiliser les défenseurs rouges. On s'attend à un long centre vers la tête des attaquants. La seule incertitude concerne le tireur : soit le n° 10 droitier, soit le n° 11 gaucher.

En réalité...

Le n° 11 s'élance pour frapper, mais il poursuit sa course vers la gauche. Le mur rouge, déstabilisé, se déplace en ordre dispersé vers la gauche. C'est le n° 10 qui tire en passant le ballon au n° 11 et poursuit sa course dans l'intervalle dû au déplacement des joueurs du mur. Le n° 11 lui retourne le ballon, sans contrôle, dans sa course. Les défenseurs rouges n'ont pas eu le temps d'intervenir : le n° 10 jaune peut tirer au but.

Contrarier le marquage individuel strict

Pour mettre les défenseurs hors de position sur un corner, on utilise le marquage individuel strict. Il est bien souvent à la limite de la régularité et empêche parfois les attaquants de sauter et de se mettre en position de marquer. Pour contrarier ce marquage strict et surprendre la défense (A), les attaquants se mettent en grappe à l'entrée de la surface de réparation. Au moment du départ du ballon du coin de corner (B), les attaquants « explosent » pour se défaire du marquage et se positionnent pour réceptionner le ballon.

A

B

des petits joueurs pour un football de table passionnant

SOUS TOUTES SES FORMES

Le football se pratique aussi en salle, sur la plage, devant l'écran d'un ordinateur ou sur une table de jeu. Ce sport a débridé l'imagination des hommes qui ont inventé une multitude de jeux dérivés.

Le terrain de futsal fait 38 m de long sur 18 m de large. Les cages de buts, quant à elles, mesurent 3 m de large sur 2 m de haut.

Le futsal

Né en 1930 en Uruguay, le football en salle a connu diverses évolutions. C'est désormais un sport à part entière, passionnant et pratiqué dans le monde entier.

Un sport d'intérieur

Le foot en salle, comme son nom l'indique, se joue à l'intérieur. Pour des raisons pratiques évidentes, c'est le terrain de handball qui est utilisé. Une équipe de futsal est composée de 4 joueurs de champ et d'1 gardien de but. On trouve aussi 6 joueurs et 1 gardien remplaçants, qui peuvent entrer ou sortir à tout moment selon la stratégie de l'entraîneur.

Le temps de jeu

Le match se déroule en 2 périodes de 20 min coupées par une mi-temps de 15 min au maximum. Durant chaque période, l'entraîneur peut demander un temps mort d'1 min. Attention, le temps de jeu est effectif : le chronomètre est arrêté à chaque arrêt de jeu (coups francs, corners, buts marqués...).

La tenue

C'est la même que celle adoptée au football. Seuls les crampons sont évidemment bannis. Tu peux utiliser des chaussures appropriées aux semelles à effet ventouse qui évite les dérapages incontrôlés.

Le ballon

Le ballon est recouvert de cuir ou de matière synthétique, il est peu gonflé et rebondit peu. Plus petit et plus léger qu'un ballon de football, sa circonférence est de 62 à 64 cm et son poids de 400 à 440 g.

Les règles

Elles sont assez semblables à celles du football, sauf que : la rentrée de touche s'effectue au pied ; les joueurs disposent de 4 secondes pour effectuer les remises en jeu (touches, coup francs, corners, dégagements...) ; les tacles glissés sont interdits ; il n'y a pas de hors-jeu. Les remplacements peuvent s'effectuer même pendant le déroulement du jeu !

Des schémas de jeu de base identiques à ceux du foot à 5 des débutants !

Des compétitions

On trouve des championnats dans de nombreux pays. Des compétitions internationales opposent nations et clubs, notamment une Coupe du monde masculine et féminine et un championnat d'Europe des clubs.

Dans les pieds de Zidane, le ballon de futsal est toujours aussi magique.

4 arbitres

Il y a un arbitre central, un autre arbitre de terrain, un arbitre sur le bord du terrain et un arbitre chronométreur. Toutes les fautes entraînant un coup franc direct se cumulent. À compter de la sixième faute importante, l'équipe l'ayant commise n'a plus le droit de dresser un mur, facilitant ainsi le rôle du tireur adverse.

Une condition physique irréprochable

Le foot en salle exige endurance et tonicité. La vitesse et l'explosivité sont fondamentales. Le jeu ne connaît pas de temps mort et tu dois te déplacer en permanence avec ou sans ballon.

Les 12 joueurs alignés avant le coup d'envoi.

Le jorkyball

Ce sport oppose 2 équipes de 2 joueurs. C'est un mélange de foot, de squash et de billard. Il se joue dans un espace clos et exige une formidable condition physique.

Un sport récent

Inventé par Gilles Paniez, le jorkyball est passé du statut de passe-temps à celui de sport en 1990. Sport d'oppositions et de déplacements, le jorkyball interdit tout contact. Il exige respect et fair-play. Il demande aussi une grande condition physique ainsi qu'une excellente technique individuelle. Entouré de parois de plexiglas et de panneaux blancs, le terrain, couvert par un filet, est petit : 10 m sur 5 m. Le sol est recouvert d'une pelouse synthétique. Un défenseur et un attaquant composent chaque équipe. Les places s'inversent à chaque set.

Le ballon

Tout petit, d'un diamètre de 14 cm et d'un poids de 250 g, il est recouvert de feutrine et rebondit peu.

Attention !

Tout joueur qui pose un genou à terre provoque un arrêt de jeu et offre un coup franc à l'équipe adverse.

Il faut beaucoup de souffle, de réflexes et d'endurance pour jouer dans cet espace petit et clos !

Le match

Il se joue en 3 sets gagnants, comme dans les tournois du Grand Chelem de tennis. Chaque set se joue en 7 buts. Si un cinquième set est disputé, il devra se terminer par un écart de 2 buts.

Le jorkyball est un sport de duel et d'attaque-défense, très rapide et très tonique.

De nombreuses compétitions

Le jorkyball est présent dans 5 pays : la France, l'Italie, l'Espagne, le Portugal et le Mexique. De nombreux championnats et coupes, nationaux ou régionaux, sont organisés en France. Ces compétitions accueillent toutes les catégories d'âge, des moins de 13 ans jusqu'aux vétérans, garçons ou filles.

Interdits

L'attaquant n'a pas le droit de rester plus de 10 secondes dans sa zone d'engagement avec le ballon, ni d'y retourner juste après l'avoir quittée. Il lui est aussi interdit d'immobiliser inutilement le ballon. Pour toute infraction à ces règles, la sanction est un coup franc pour l'équipe adverse.

Des règles spécifiques

En position de défenseur, tu es chargé de contrer les attaques adverses : tu n'as pas le droit de conduire le ballon au-delà de la ligne de penalty adverse, ni de dépasser la ligne médiane sans ballon. En position d'attaquant, tu es chargé de marquer des buts en te servant des parois qui bordent le terrain et même du filet qui surplombe le terrain. Il t'est par contre interdit de franchir la ligne de dégagement adverse. Tu tires les coups francs et les penalties. L'équipe qui marque un but engage le point suivant.

Derrière la paroi de plexiglas, le défenseur devra passer le ballon à son partenaire avant de sortir de sa zone verte.

Le beach soccer

Le foot de plage est né au Brésil et a rapidement conquis la planète, au point de se pratiquer même dans des villes qui ne se situent pas au bord de la mer !

Un match de beach soccer sur un terrain artificiel dans les Alpes. Le terrain mesure 37 m de long sur 28 m de large. Les cages de but, quant à elles, font 5,50 m de large sur 2,20 m de haut.

Attention aux orteils !

4 joueurs de champ et 1 gardien composent une équipe. 5 remplaçants sont autorisés. Les joueurs sont remplaçables à tout moment. Le joueur qui entre doit brandir au-dessus de sa tête le numéro de celui qu'il remplace. Les joueurs ne portent qu'un short et un maillot. Les chaussures sont interdites. Seule la chevillère est autorisée. Tu joues pieds nus ! Ne tape pas du bout du pied, tu épargneras tes orteils !

Un ballon moins gonflé

Recouvert de cuir ou de matière synthétique, de dimensions et de poids quasiment identiques, le ballon de beach soccer rebondit sensiblement moins que le ballon de football.

3 tiers-temps

La partie se déroule en 36 min réparties en 3 tiers-temps de 12 min chacun. Les joueurs disposent de 3 min pour changer de camp entre les tiers-temps. En cas d'égalité à l'issue du temps réglementaire, une prolongation de 3 min est jouée. Si, à l'issue de la prolongation, les équipes n'ont pu se départager, une séance de tirs au but est organisée. C'est le principe de la « mort subite » qui prévaut : l'équipe qui gagne est celle qui marque un but de plus que l'autre pour le même nombre de tirs.

10 joueurs et leur coach avant le coup d'envoi

Une technique particulière

Comme le ballon ne roule pratiquement pas et que les pieds s'enfoncent dans le sable, ce sport exige une grande maîtrise du ballon en l'air et une parfaite condition physique. Tu as déjà sûrement remarqué que courir dans le sable est épuisant !

Jouer dans le sable mou exige une grande maîtrise technique et une parfaite condition physique.

Les coups francs

Si tu subis une faute, tu te fais justice en tirant toi-même le coup franc à l'endroit précis où la faute a été commise. Tous les coups francs peuvent être tirés directement. Si la faute intervient dans la surface de réparation, le penalty est accordé à celui qui a subi la faute. Il exécute donc lui-même la sanction.

Le tireur de coup franc a façonné une butte de sable pour y poser le ballon.

Une Coupe du monde

Le beach soccer a aussi sa Coupe du monde. Les 12 équipes qualifiées sont réparties en 4 poules de 3. Les équipes classées première et deuxième sont qualifiées pour les quarts de finale. Puis ce sont les demi-finales et la finale.

3 cartons

Dans les compétitions officielles, les arbitres sont au nombre de 4.

L'arbitre brandit un carton jaune si un joueur :

- conteste ses décisions ;
- commet une faute sérieuse ;
- manque de sportivité ;
- commet une infraction sur le coup d'envoi ou sur coup franc.

L'arbitre brandit un carton bleu si un joueur :

- reçoit un second carton jaune ;
- commet une faute intentionnelle sur un adversaire ;
- entre sur le terrain avant que celui qu'il remplace ne soit sorti.

Le joueur qui reçoit un carton bleu est exclu du terrain 2 min sans être remplacé.

L'arbitre brandit un carton rouge si un joueur :

- a déjà reçu un carton bleu ;
- est coupable d'une faute grave ou d'une conduite violente ;
- utilise un langage insultant ou abusif.

Le joueur qui reçoit un carton rouge est définitivement exclu du terrain, obligeant son équipe à jouer en infériorité numérique.

Le tennis-ballon

Voici un sport qui s'apparente au tennis mais qui est un excellent jeu de football destiné à améliorer ta maîtrise technique. Le tennis-ballon peut se jouer en simple (1 contre 1), en double (2 contre 2) ou en triple (3 contre 3).

Tennis ou foot ?

Il peut se pratiquer à l'extérieur, sur une place, un terrain stabilisé, une pelouse plane, un court de tennis ou une plage, mais aussi à l'intérieur dans toutes les salles de sport. Un match se joue en 2 sets gagnants. Un set se joue en 11 points avec au minimum 2 points d'écart. Un point perdu s'ajoute au score de l'adversaire. Il n'est pas nécessaire d'avoir le service pour marquer le point.

Le tennis-ballon se joue en principe sur un terrain de volley avec un filet de volley ou de tennis.

Le ballon

On utilise celui qui correspond à la catégorie d'âge. Il peut aussi être plus léger et plus élastique qu'un ballon de football classique.

La mise en jeu

La zone d'engagement est délimitée par une ligne tracée à 6,40 m du filet. Elle est entière pour le double et le triple, et partagée en 2 pour le simple (services croisés). Le coup d'envoi est attribué par tirage au sort. Tu effectues l'engagement au pied derrière la ligne de fond.
Les suivants sont effectués par l'équipe qui vient de remporter le point. En double ou en triple, n'importe quel joueur peut effectuer l'engagement.

Les règles en simple

- **Le serveur doit servir croisé. Si son total de points est pair, il sert à droite ; s'il est impair, il sert à gauche ;**
- **le joueur a droit à un rebond dans son camp ;**
- **le joueur ne peut toucher la balle que 2 fois avant de la renvoyer dans l'autre camp.**

Les contacts

Tu peux toucher le ballon avec toutes les parties du corps, à l'exception des bras et des mains. En simple, tu peux t'offrir un double contact : par exemple, contrôle de la poitrine et frappe du pied. Tu peux jouer le ballon directement par-dessus le filet en une touche de balle ou adresser une passe à un partenaire : 3 touches au maximum par équipe (en double et en triple).

Le smash retourné est un geste spectaculaire.

Les contres

Il est autorisé de contrer l'adversaire par-dessus le filet avec toutes les parties du corps à l'exception des bras et des mains. Lorsque 2 adversaires touchent le ballon simultanément au-dessus du filet et que le ballon sort du terrain, le point est à rejouer. Si le ballon reste dans l'aire de jeu, les joueurs concernés peuvent continuer à jouer.

superbe contre au-dessus du filet

Les fautes

Toutes ces fautes donnent le point puis l'engagement à l'adversaire :

- lorsque le ballon touche le sol en dehors du terrain. Comme au foot, la ligne fait partie du terrain de jeu ;
- lorsqu'un joueur touche le filet, intentionnellement ou non, même après qu'un point a été marqué ;
- lorsqu'un joueur touche un adversaire ;
- lorsque le ballon rejoint le camp adverse en passant à l'extérieur des mires.

Servir croisé

En simple, comme nous l'avons vu, tu dois servir croisé : si ton total de points est pair, tu sers à droite ; s'il est impair, tu sers à gauche. En double ou triple, tu peux te placer à n'importe quel endroit derrière la ligne de fond du terrain. Le ballon doit passer au-dessus du filet et toucher le sol dans la zone de réception du camp adverse. S'il touche le filet et tombe correctement dans cette zone, le jeu continue. Si le ballon tombe en dehors de la zone de réception ou à l'extérieur du terrain, ou encore s'il est arrêté par le filet, la faute est constatée et le point perdu.

Le baby-foot

Jeu d'arrière-salle des cafés, le baby-foot est devenu un véritable sport avec ses règles du jeu, ses compétitions et ses champions.

Le match et l'engagement

On joue à 1 contre 1 (4 poignées pour chaque joueur) ou à 2 contre 2 (2 poignées par joueur). En double, on peut changer de position. Un match compte plusieurs manches. Il faut gagner 3 manches pour gagner le match. Une manche se joue en 5 points gagnants avec un écart minimum de 2 points. Une partie peut aussi se jouer en 7 buts gagnants (un but vaut 1 point).

Les tirs

La gamelle est un tir tellement puissant que la balle frappe l'arrière de la cage et revient en jeu. Dans ce cas, le point est accordé au tireur et l'engagement donné à l'adversaire. Les pissettes sont les tirs des ailiers. Certaines compétitions les interdisent car on estime qu'elles sont trop faciles en raison de l'angle ouvert. Les buts marqués par les demis sont en général valables, mais pas toujours. Pour que le but soit validé, la balle doit être mise en mouvement avant le tir.

Les barres et les poignées

Les barres doivent être droites et bien glisser dans leur gaine. Les poignées prolongent les barres. En tournoi, un joueur peut utiliser ses propres poignées, qu'il peut visser aux barres.

Les petits joueurs de la table

Comme au football, le baby-foot compte 11 joueurs par équipe :

- **1 gardien : barre 1 ;**
- **2 arrières : barre 2 ;**
- **5 demis : barre 3 ;**
- **3 attaquants : barre 4.**

Les pieds des joueurs doivent être poncés et ne présenter aucune aspérité.
D'un diamètre de 35 mm, la balle est faite de liège et pèse 17 g.

Balle hors contrôle

Une balle peut s'immobiliser en dehors de toute influence ! Comme aucun pied de joueur ne peut l'atteindre, la balle est donnée aux arrières du camp où elle se trouve. Tu dois poser la balle devant ou à côté des pieds du joueur central de la barre des demis. En cas de sortie intempestive de la table de jeu, la balle est donnée aux arrières du camp d'où elle est sortie.

La roulette

Elle consiste à faire faire un tour complet (360°) à la barre. Elle est sujette à interprétation. Parfois elle est interdite, parfois elle est autorisée dans certaines conditions :

- tu peux la réaliser avec les barres du gardien, des arrières et des avants, mais pas avec la barre des demis ;
- tu ne peux effectuer une roulette que pour un tir ;
- tu dois avoir bloqué la balle avant de déclencher la roulette ;
- il t'est interdit d'effectuer une roulette en contre, sans blocage préalable.

L'engagement peut aussi se réaliser en lâchant la balle entre les barres des attaquants.

Le penalty

Si, à un moment de la partie, l'arbitre estime qu'une équipe enfreint une des règles du jeu, il peut la sanctionner d'un penalty. La balle est posée au centre près des pieds de l'attaquant central. Si le tir est réussi, le point est validé.

penalty tiré par l'avant-centre

La technique du baby

Comme au foot sur un vrai terrain, le baby-foot a développé des gestes fondamentaux tels que le blocage, les feintes, les passes et les tirs.

une partie de baby-foot à la sortie de l'école, comme ici dans une rue de Cotonou, au Bénin

Le contrôle

Il en existe 2 : le contrôle en commerce, qui consiste à réaliser un blocage sous les pieds du petit joueur, en avant, vers le but adverse ; le contrôle en cassette, qui consiste à réaliser le même blocage mais en arrière, vers son propre camp.

un contrôle en cassette

Les passes

Le baby-foot est un jeu collectif. La passe avec ou sans contrôle est la meilleure façon de s'approcher du but en transmettant la balle aux attaquants.

La conduite

Tu bloques la balle sous les pieds de ton petit joueur et tu la fais rouler vers la droite ou vers la gauche.

Toute action de jeu ou presque se réalise en poussant ou en tirant la barre. Le poussé et le tiré sont des techniques différentes à travailler longuement.

Les lobs

Pour effectuer un lob, tu bloques la balle avec les arrières contre la bande du fond, tu fais monter la balle sous les pieds du petit joueur et tu frappes en effectuant une brusque rotation du poignet. Tu peux aussi frapper violemment la balle avec un arrière contre le bois du fond : elle va rebondir en cloche vers le but adverse.

Le lob est exécuté, la balle est partie vers le but adverse.

L'angle de tir est mal fermé par l'arrière et le goal rouges : le but est marqué par l'équipe bleue.

Les feintes

Camouflage, spontanéité et vitesse sont les 3 vertus du footballeur de table ! Les feintes sont souvent décisives et permettent de tromper l'adversaire. Tu peux tenter un contre-pied en effectuant un aller-retour avec la barre, pour inciter le gardien adverse à anticiper. Pour déconcentrer l'adversaire, tu peux aussi :

- tenter un faux départ, à gauche ou à droite, une ou plusieurs fois ;
- effectuer un tour de balle sans la toucher avant de déclencher le tir ;
- tirer dans le vide avant de tirer ;
- enchaîner les feintes à condition de bien maîtriser tes gestes pour ne pas voir ta balle rouler lamentablement vers les pieds adverses !

Le gardien et ses arrières

Leurs placements et leurs déplacements sont liés. Ils ne doivent jamais être alignés, mais décalés pour boucher au maximum l'angle de tir.

Le Subbuteo

Voilà un jeu inventé il y a plus de 60 ans et qui possède sa Coupe du monde depuis 30 ans !

Des trucs en plus

Le Subbuteo propose un grand nombre d'accessoires comme des tribunes, des coupes et même un système d'éclairage.

Comment jouer ?

Le tapis de jeu, long de 90 cm et large de 35 cm, accueille 11 joueurs par équipe : 10 joueurs de champ et un gardien. Chaque joueur de champ est monté sur un socle semi-sphérique. Le gardien de but est fixé à l'extrémité d'une barre munie d'une poignée. Il existe aussi un gardien de dégagement qui est introduit pour le coup de pied de but.

Tu dois faire avancer tes joueurs d'une pichenette avec l'ongle.

Le ballon est une sphère dont le diamètre mesure 2,2 cm et dont le poids est de 1,5 g.

Des lois très précises

Elles s'approchent au plus près des règles du football. Un match se déroule en 2 périodes de 15 min séparées par une mi-temps de 5 min. En cas de match nul, on peut aussi disputer une prolongation de 10 min, arrêtée en cas de but en or. Avant le coup d'envoi, l'attaquant place ses joueurs en premier et le défenseur peut alors installer les siens. Chaque fois que l'attaquant en possession du ballon joue, un défenseur doit être déplacé. On joue toujours alternativement. Les règles du hors-jeu, des coups francs, des rentrées de touche ou encore du penalty sont calquées sur celles du football. Enfin, ton comportement et la manipulation des joueurs sont également réglementés.

Beaucoup d'adeptes

Un grand nombre de pays européens ainsi que les États-Unis et le Canada ont leur propre fédération nationale. Elles organisent toutes les compétitions officielles sous le couvert d'une fédération internationale !

Sanctions

Tu peux être sanctionné par 3 cartons différents :

- le carton jaune pour avoir enfreint les règles avec persistance ;
- le carton orange si tu continues à enfreindre ces règles ;
- le carton rouge si tu ne te calmes pas.

Dans ce cas, tu es déclaré perdant et la partie revient à ton adversaire.

Découvre les jeux de société

Les jeux de société sur le football sont nombreux et très divers : jeux d'adresse, jeux de mémoire ou de connaissance, ils passionnent petits et grands et constituent une autre façon de jouer au foot.

Le Trivial Pursuit Football

Dérivé du Trivial Pursuit, la version foot oppose des joueurs sur leurs connaissances dans leur sport favori. On y propose 6 catégories : Foot international, Foot français, Vestiaire, Allez les Bleus, Penalty, Grands Joueurs. Tu lances 2 dés qui font avancer les pions sur le plateau de jeu et vont définir la catégorie de questions à laquelle tu devras répondre.

Mondial Football

Il faut commencer par peindre les joueurs. Ensuite, c'est un jeu de dés qui permet de disputer une rencontre en manœuvrant sur un tapis-terrain. Les joueurs se déplacent sur les cases foncées et le ballon sur les cases claires. Tu marques un but en réussissant à déplacer le ballon jusque dans les cages adverses.

Quiz Challenge Football

2 000 questions t'attendent dans ce jeu sur ordinateur. Tu affrontes tes adversaires sur un plateau virtuel et tu dois répondre aux questions parmi 5 familles différentes. Tu peux obtenir des pouvoirs (dans les cases « coup franc ») pour avancer plus vite et tu peux être le premier à marquer un but en or en répondant à 2 questions successives en fin de match.

1, 2, 3 Goal

C'est un jeu d'attaque et de défense. Il compte 78 cartes de 3 niveaux de jeu permettant d'attaquer, de dribbler, de tirer, d'accélérer une attaque, de défendre, de faire intervenir le gardien, de sanctionner et de coacher. Chaque joueur a 6 cartes en main. L'équipe qui a la main tente de développer une attaque en abattant ses cartes. L'équipe adverse essaie de récupérer le jeu pour attaquer à son tour.

Le Tipp Kick

Matérialisé par un tapis et 2 cages de but, ce jeu d'adresse te permet d'affronter un copain en manœuvrant 2 petites figurines articulées : 1 joueur de champ et 1 gardien. En appuyant sur la tête de ton joueur, tu actionnes la jambe qui frappe la balle. La pression que tu effectues détermine la force et la trajectoire de la balle. Le gardien est relié par une tige de fer à un boîtier qui possède 2 boutons : un pour le faire plonger sur sa droite et un pour le faire plonger sur sa gauche.

Ligretto

Dans ce jeu, il faut savoir se débarrasser des cartes et avoir de bons réflexes. Chaque équipe reçoit 75 cartes qu'il faut abattre à toute vitesse en appelant les prénoms y figurant, jusqu'à ce qu'un buteur apparaisse. La carte est facilement reconnaissable car 2 buts sont dessinés de chaque côté du prénom. Dès qu'une carte « but » est jouée, l'équipe marque 1 point. Le match est remporté par l'équipe qui la première atteint 5 points.

Le football virtuel

Le football est devenu le jeu informatique le plus pratiqué dans le monde par les « accros » de la console, les dribbleurs de manette devenus des techniciens hors pair et les stratèges redoutables. En fais-tu partie ?

Des gestes élaborés

Une fois que les manettes sont parfaitement maîtrisées, tu peux réaliser des une-deux, des passes aériennes, des lobs, des talonnades, des « passe et va », des contrôles orientés, des feintes de tir, des passements de jambe...

Les choix initiaux

Vous commencez, ton copain et toi, par définir la compétition à laquelle vous voulez participer : match international ou national, amical ou de championnat mais aussi de coupe, en Europe, en Afrique, en Amérique ou en Asie. Vous choisissez votre équipe, les maillots et le stade. Puis vous pouvez configurer le match : la météo, le terrain, à domicile ou à l'extérieur, le type de ballon et ses effets, l'éventualité de blessures pour les joueurs, la durée de la rencontre, le nombre de spectateurs et même leur attitude !

Les commandes de base

Les touches, à main gauche et à main droite, et les joysticks commandent des gestes techniques précis en attaque ou en défense : dribble, passe courte ou longue, blocage, tir, déplacement, sprint, tacle, marquage, pressing, rentrée de touche, dégagements.

Une tactique prédéfinie

Vous définissez vos choix tactiques : vous pouvez utiliser les stratégies préalablement enregistrées ou choisir des options : équipe à vocation offensive ou défensive, marquage de zone ou marquage individuel : dans ce dernier cas, vous attribuez un adversaire à un de vos joueurs et celui-ci va le marquer. Vous pouvez définir l'attitude de chaque joueur, fin technicien ou défenseur rugueux...

Des championnats en ligne

Non seulement tu peux jouer à la maison avec tes copains mais aussi disputer de véritables championnats contre des adversaires internautes comme toi. Tu peux rejoindre un « espace match » créé par un internaute et y participer. Toutes les semaines, les mises à jour sont effectuées et tu peux savoir si tu es relégué ou promu, et aussi connaître ton classement national ou même international.

Plusieurs niveaux d'intervention possibles

- Soit vous contrôlez tous les aspects du jeu de chaque joueur, ce qui est une formule très usitée ;
- soit vous jouez en mode coopératif avec des équipiers contrôlés par l'ordinateur ;
- soit vous contrôlez les joueurs sur le terrain et l'ordinateur gère la tactique ;
- soit vous endossez le rôle d'entraîneur et l'ordinateur contrôle les joueurs.

Vous choisissez aussi le niveau de jeu : débutant, confirmé, professionnel, international. Avant de débuter la rencontre, vous pouvez organiser un échauffement et vous entraîner aux passes, aux dribbles, aux tirs...

Ralenti

Revoir l'action d'un joueur ou un but au ralenti, gérer les blessures, les remplacements et le temps additionnel, jouer des prolongations et une séance de tirs au but... tout est possible sur les nouvelles consoles de jeu qui placent le participant dans la réalité d'un vrai match de foot. On peut même surveiller la condition physique de son joueur et ressentir sa fatigue !

De grands joueurs comme Didier Drogba et Thierry Henry peuvent aussi jouer à un jeu de foot sur la console !

10

COPAIN du FOOT

CAHIER PRATIQUE

Les métiers

Entraîneur

Bien savoir et bien transmettre

Un bon éducateur est avant tout un bon théoricien du football, à défaut d'avoir été un très bon joueur. Il vaut mieux toutefois avoir joué à un certain niveau pour mieux ressentir et donc mieux expliquer. Il lui faudra transmettre son savoir, démontrer, faire preuve de patience et de fermeté, ne pas accepter l'approximation. Il lui faudra être intuitif, imaginatif et malin. Enfin, il lui faudra insuffler la passion et la motivation, ce qui n'est pas le plus simple à réaliser.

Le parcours complet

De l'animateur à l'entraîneur professionnel, il existe 8 échelons à gravir. Il faut travailler pour arriver au sommet : entraîner une équipe de Ligue 1 ou manager une équipe nationale.

Un entraîneur de haut niveau gagne bien sa vie. Heureusement, car il ne sait pas toujours de quoi seront faits les lendemains ! Certains managers, notamment en Angleterre, sont aussi bien payés et parfois mieux que les joueurs qu'ils entraînent. On parle alors de plusieurs centaines de milliers d'euros par an.

L'entraîneur pro

Il recrute des joueurs, bâtit son équipe, organise toutes les séances de travail, choisit ses titulaires les jours de match, gère les rencontres, décide des remplacements, mais il doit aussi répondre des résultats devant la presse, son président et les actionnaires du club. De plus, on lui demande de rester stoïque en toute circonstance. C'est beaucoup pour un seul homme !

Arbitre

Dès 13 ans

Que l'on soit ou non un bon joueur, on peut débuter dans l'arbitrage dès l'âge de 13 ans. Il faut prendre contact avec la ligue ou le district de football. La commission d'arbitrage adresse alors un dossier de candidature accompagné d'un livret des lois du jeu qu'il faut bien étudier. Après un certain nombre de séances dispensées par la commission d'arbitrage, le candidat passe l'examen théorique qui consiste à apprécier ses connaissances des lois du jeu. Il est nécessaire d'être admis pour passer à l'étape suivante. Lors de la 2e étape, l'examen pratique, le candidat est supervisé au cours d'une rencontre qu'il arbitre. S'il applique parfaitement les lois du jeu, avec sérieux et intelligence, il obtiendra son diplôme. Enfin, il doit être déclaré apte à la pratique sportive par un médecin agréé.

Un long apprentissage

Chaque année, les jeunes arbitres sont supervisés, jugés. Ils doivent passer des examens pour progresser dans la hiérarchie : arbitre de district 2, arbitre de district 1, arbitre de ligue 2, arbitre de ligue 1, arbitre de la Fédération (5 niveaux), arbitre international. Certains peuvent aussi se spécialiser dans l'assistanat : arbitre assistant de ligue, arbitre assistant de la Fédération (3 niveaux), arbitre assistant international. Les meilleurs arbitres de chaque nation deviennent internationaux. Ils officient en coupes d'Europe, d'Afrique ou d'Amérique du Sud et sillonnent la planète pour faire respecter les lois du jeu, les mêmes pour tout le monde.

Les rémunérations

À ses débuts, l'arbitre reçoit un défraiement de quelques euros auquel s'ajoute une indemnité de déplacement. Plus il monte dans la hiérarchie, plus le défraiement augmente. La rémunération des arbitres de Ligue 1 en Europe varie de 80 000 euros à 140 000 euros par an.

Métiers
À savoir
Adresses
Glossaire
Index
Crédits

Médecin de club

Un chef d'équipe

Seuls les grands clubs ont un médecin attitré. Il dirige souvent un petit staff médical qui compte des kinésithérapeutes, un diététicien et parfois un psychologue. Le médecin intervient avant même la signature du contrat d'un nouveau joueur. Il devra, avec des spécialistes, en vérifier la bonne santé. Durant toute la saison, le médecin du club intervient chaque fois qu'un joueur est blessé ou malade. 2 ou 3 fois par an, il organise une série de tests qui permettent de connaître l'état de forme de chaque joueur. En fonction des résultats de ces tests, il décide avec l'entraîneur des décisions à prendre : repos, entraînement différent, régime diététique approprié...

Un long cursus

Pour devenir médecin de club, il faut commencer par être un bon élève. Au-delà du bac, cela nécessite de devenir médecin généraliste (9 ans d'études), puis obtenir des diplômes de spécialisation en médecine du sport (2 ans). Une majorité de médecins exerce aussi en dehors du club, en hôpital ou en profession libérale. Ce sont eux qui t'examinent en début de saison pour l'obtention de ta licence. Pour être un bon médecin du sport, il faut aussi être un pratiquant assidu. C'est la meilleure façon d'appréhender les problèmes pathologiques et de les prévenir.

Kinésithérapeute

Des soins quotidiens

Les joueurs passent presque tous les jours entre les mains des kinésithérapeutes du club. Véritable mécanique de précision, le corps du joueur demande beaucoup d'attention. Mieux vaut prévenir que guérir. Les muscles doivent être réchauffés avant les efforts et détendus après ceux-ci. Le kinésithérapeute, qui intervient aussi sur le terrain avec sa fameuse bombe cryothérapique (froid intense) pour soulager une douleur musculaire, prodigue toute la semaine ses soins aux joueurs dont les blessures concernent les os (fractures, foulures), les muscles (contractures, élongations, pubalgies...) ou les tendons (tendinites).

Une formation permanente

Les clubs comptent souvent plusieurs kinésithérapeutes. Certains sont salariés, d'autres exercent aussi à l'extérieur. Ce métier exige une très grande disponibilité. Évidemment, cela demande une bonne connaissance des traumatismes sportifs et de se former sans cesse aux nouvelles technologies. 3 ans d'études sont nécessaires pour obtenir le diplôme, avec bien souvent 1 année préparatoire car le concours d'entrée est difficile. Il est aussi possible de se spécialiser en ostéopathie.

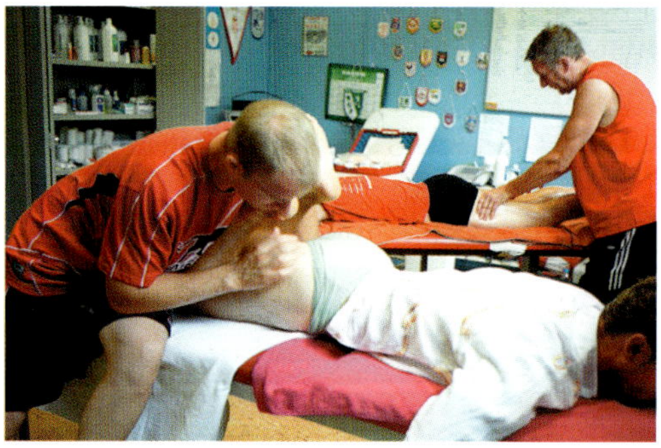

Diététicien

Un corps sain

Chaque athlète est une « mécanique » fragile qui doit être réglée de façon optimale. Comme une voiture de Formule 1 est alimentée avec un carburant parfait, un joueur de haut niveau doit s'alimenter de la meilleure façon afin que son corps soit le plus affûté possible et que les blessures ne surviennent pas.

Menus appropriés

En accord avec le médecin du club, le diététicien doit établir des menus appropriés à chaque joueur en fonction de sa morphologie, de sa préparation physique, d'un éventuel surpoids ou d'une reprise progressive à la suite d'une blessure. Lors des déplacements, c'est le diététicien qui communique les menus à préparer aux restaurants où les joueurs vont s'alimenter.

Un pédagogue

Le diététicien doit aussi savoir expliquer et argumenter le régime qu'il met en place. L'athlète ne doit pas se sentir privé ou mis à l'écart. Il existe un BTS de diététique et un DUT de génie biologique option diététique pour acquérir une bonne formation.

Préparateur sportif

Une charge de travail variable

La charge de travail n'est pas la même en début de saison qu'en milieu de saison. Après les trêves, estivale ou hivernale, il faut rétablir la condition physique. 2 semaines d'arrêt d'entraînement, seulement, peuvent provoquer une perte de condition physique : vitesse, explosivité et même endurance. Un joueur en forme moyenne n'est plus un bon joueur. Sa technique et son sens tactique dépendent étroitement de sa condition physique. La récupération est aussi un élément fondamental de la bonne santé d'un groupe. Le préparateur physique va ainsi doser les efforts des équipes à l'entraînement en fonction de la périodicité des matchs et des performances de chacun.

Compétence et rigueur

Le préparateur physique peut faire gagner ou perdre une équipe selon qu'elle sera plus ou moins prête aux matchs décisifs ! C'est un métier exigeant et délicat. Il nécessite de bonnes connaissances en anatomie, biologie et physiologie. Pour un tel poste, il doit avoir obtenu le BEES (brevet d'État d'éducateur sportif) ou être professeur d'EPS. Il pourra ensuite obtenir en 1 an un diplôme européen de préparation physique.

Psychologue

Équilibre et sérénité

Le nombre de matchs joués, les cadences infernales, le stress, la présence médiatique, l'obsession de gagner sa place de titulaire, la dynamique du doute et de la défaite peuvent provoquer chez les joueurs une baisse de leur performance sans que leur qualité technique ou leur condition physique ne soient remises en cause. C'est là qu'intervient le psychologue qui va analyser le comportement du joueur et lui donner les clés pour retrouver son équilibre et sa sérénité, 2 attitudes indispensables à l'exercice du football de haut niveau.

Comprendre la nature humaine

Comme le corps et l'esprit sont indissociables, nombreux sont les clubs qui s'attachent les services d'un psychologue en complément de ceux du préparateur physique. Le psychologue doit être apte à étudier le comportement des gens, à comprendre la nature de l'homme et à investir son savoir dans le monde du sport. Des études de sciences humaines conduisent au diplôme de psychologue.

Attaché de presse

Des sollicitations permanentes

Le club, ses cadres dirigeants, son entraîneur et tous ses joueurs sont l'objet de sollicitations permanentes des journalistes. Le club fait alors appel à un ou une attaché(e) de presse qui sera chargé(e) de répondre à toutes les demandes et d'organiser les rendez-vous appropriés.

Des informations importantes

Il s'agit aussi pour le service de presse de porter la bonne parole à l'extérieur. Pour cela, on organise les conférences de presse, on effectue les communications importantes : recrutement, départ, modifications, nominations... Le rôle de l'attaché de presse consiste donc à faire en sorte que les informations en provenance du club soient vraies et données au bon moment, aux bons interlocuteurs. Il peut aussi envoyer quelques fausses pistes pour égarer quelques médias trop curieux ! Il existe un diplôme d'attaché de presse.

Journaliste sportif

À l'écrit ou à l'oral

En marge du club, mais si proche de lui, évolue le journaliste sportif. Ce spécialiste du sport a un métier passionnant mais contraignant. S'il aime manier le stylo, il se dirigera vers la presse écrite. Si s'exprimer dans un micro n'est pas un problème, il choisira la radio ou la télévision. Attention, peu de places sont disponibles. Pour atteindre cet objectif, il faut suivre des études supérieures et s'inscrire dans une école de journalisme.

Indépendance et objectivité

Les paroles ou les écrits du journaliste sportif ne sont jamais neutres. Ses jugements, ses appréciations et ses commentaires sont bien souvent considérés comme des paroles de vérité. Le football est soumis à toutes formes de pressions : sportives, économiques et même politiques. Le journaliste doit faire preuve d'indépendance et d'objectivité, mais aussi d'une grande opiniâtreté.

Voir et entendre

Le journaliste sportif doit savoir relater ce qu'il voit et ce qu'il entend, et non ce qu'il devine. Il a aussi le droit de juger la prestation d'un joueur et de la critiquer si elle le mérite. Et ce n'est pas toujours facile, surtout si le joueur et le journaliste entretiennent des relations amicales !

Responsable marketing

Des dépenses importantes

Les dépenses d'un club sont énormes : entretien du stade, voyages et déplacements, équipements et ballons, et surtout salaires et charges des joueurs. Les recettes de la billetterie du stade lors des matchs à domicile sont loin d'être suffisantes. Le club doit donc chercher d'autres sources de revenus. Les sponsors et la télévision y pourvoient en grande partie mais pas encore suffisamment.

Publicité et droits dérivés

Pour équilibrer son budget, le club doit alors faire appel à un responsable marketing qui va créer autour du club une véritable petite entreprise chargée de faire rentrer de l'argent dans les caisses du club. Il va donc créer et vendre des produits à l'effigie du club (maillots, écharpes, vêtements) qui constituent des recettes, appelées droits dérivés. Il va aussi ouvrir des boutiques, parfois même une auto-école, un restaurant ou un salon de coiffure à la marque du club. Il devra enfin gérer la location des loges du stade, ou trouver des annonceurs publicitaires. Le responsable marketing doit posséder un bon sens du commerce, une grande rigueur d'esprit et beaucoup de culot. Un diplôme d'école de commerce ou de gestion permet de postuler à cette fonction.

Métiers
À savoir
Adresses
Glossaire
Index
Crédits

À savoir

Le parcours du professionnel

Tu es assidu aux entraînements de l'école de foot, tu t'es fait remarquer sur les terrains, tes éducateurs pensent que tu dois persévérer et que tu as l'étoffe d'un futur pro ? Alors, plusieurs possibilités s'offrent à toi. Dès 11 ans, tu vas pouvoir intégrer une structure qui permet de concilier le collège et le football. Ensuite, plusieurs options se présenteront jusqu'à ton intégration dans une équipe professionnelle.

La section sportive scolaire (11 à 14 ans : collège)

Pour intégrer cette structure, tu devras subir une évaluation composée de tests de foot et présenter également un bon dossier scolaire. À proximité de ton domicile, tu vas bénéficier d'une structure de formation qui préservera ta vie au collège, en famille et dans ton club. Ton temps scolaire est aménagé (l'entraînement est organisé après les cours), ton rythme de pratique est équilibré : 3 ou 4 entraînements par semaine dirigés par un encadrement qualifié. Objectifs : amélioration de la technique, de la tactique et assise de la condition physique de base, comme la vitesse, la coordination et l'aérobie (amélioration de l'endurance).

La section sportive élite (13 et 14 ans : collège)

Après avoir réussi un concours organisé par la Ligue régionale, tu vas suivre une formation adaptée et une scolarité complète et normale en collège. Elles doivent préserver ton équilibre de vie. Tu évolues dans un club structuré avec l'objectif d'accéder à la formation de haut niveau. Tu te prépares aussi à la formation d'éducateur. Tu participes à 3 à 4 entraînements par semaine et tu restes sous contrôle médical régulier. Objectifs : amélioration de la technique, apprentissage des tactiques collectives, poursuite du développement athlétique.

Le Pôle espoir

Sous l'œil attentif de la Fédération, il a pour mission de préparer les très bons jeunes joueurs et de les protéger des recrutements trop précoces. Après une évaluation qui a duré 4 mois, tu peux être appelé à rejoindre ce Pôle espoir qui propose une infrastructure de qualité : terrains, hébergement, suivi médical et psychologique. L'équilibre entre le Pôle, le collège, ta famille et ton club est préservé. Tu participes à 5 entraînements par semaine destinés à te préparer aux exigences du haut niveau. Objectifs : évaluation du niveau d'adresse technique, de coordination et des qualités de vitesse.

La section sportive régionale (15 à 18 ans : lycée)

Pour intégrer cette structure, tu devras réussir un concours organisé par la Ligue régionale et être accepté par une commission d'admission. Tu vas suivre une scolarité complète dans un lycée de ta région, filière générale ou professionnelle. Tu évolues dans un club de niveau national et tu es préparé à la formation de haut niveau. Tu t'entraînes dans un environnement adapté et sous la houlette d'éducateurs très qualifiés. Objectifs : la technique (des gestes fondamentaux à la spécialisation), la tactique et l'aptitude au jeu d'équipe, le physique (des capacités de l'adolescent à celles de l'athlète de haut niveau).

	Âge		
Pôle espoir	11 →		**COLLÈGE**
	12 →	section sportive scolaire	
section sportive élite	← 13 →		
	← 14 →		
	15 →		**LYCÉE**
centre de formation	16 →	section sportive régionale	
	← 17 →		
	← 18 →		

Les centres de formation (15 à 19 ans)

Chaque grand club professionnel dispose d'un centre de formation. Pour l'intégrer il faut posséder de grandes qualités footballistiques et avoir été repéré par les agents recruteurs de clubs lors de compétitions ou de journées de sélection. Le centre de formation forme les jeunes à la carrière pro et les aguerrit aux exigences du haut niveau. Il les prépare à la réussite ou... à l'échec. Sa mission est aussi de proposer une scolarité valorisante avec l'obtention d'un diplôme, de préserver les attentes familiales et de favoriser l'épanouissement des jeunes joueurs. Si le centre de formation est un passage important vers l'univers des professionnels, il n'est pas obligatoire. Certains grands joueurs ont été directement recrutés par des clubs pros à 20 ans ou plus !

La chance de côtoyer l'équipe pro

Quand tu évolues dans le cadre du centre de formation, tu joues dans les équipes de jeunes du club, puis dans les équipes réserves et tu as parfois la chance d'intégrer l'équipe pro et de côtoyer les joueurs que tu admires. Tu dois garder la tête froide et travailler encore plus aux entraînements.

Un risque d'échec

Attention, tous les stagiaires ne sont pas appelés à intégrer une équipe pro. Certains doivent quitter le centre et orienter différemment leur carrière vers des équipes de moindre importance ou des clubs amateurs. Ce n'est pas pour cela qu'il faut baisser les bras. D'une part, tu peux réaliser une belle carrière dans ces clubs et, d'autre part, tu peux aussi être remarqué et recruté par des équipes professionnelles après une période qui se sera avérée nécessaire à ton épanouissement physique et technique.

Les différents statuts

Dans le cadre du centre de formation, tu pourras signer différents contrats en fonction de ton âge et de ton niveau.

• Apprenti : tu as 16 ou 17 ans et tu as satisfait à tes obligations scolaires. Tu reçois une formation générale et pratique te préparant à la carrière de footballeur. Tu fréquentes le centre de formation du club et un centre de formation des apprentis. Tu es inscrit au CAP des métiers du football. Le contrat d'apprenti est de 2 ans.

• Stagiaire : tu as 18 ou 19 ans et tu as terminé ta formation d'apprenti ou d'aspirant. Tu peux aussi débuter ta formation au centre en arrivant d'un club amateur. Tu as obligation de suivre toutes les directives données par ton club dans le cadre de ton stage. Tu peux être l'objet d'une mutation temporaire (1 an maximum) dans un autre club. Le contrat de stagiaire est de 2 ans si tu as moins de 17 ans, d'1 an si tu as entre 17 et 18 ans.

• Aspirant : tu as 16 ou 17 ans et tu as satisfait à tes obligations scolaires. Tu te prépares à la carrière de joueur professionnel. Le centre de formation a l'obligation de te faire suivre une formation professionnelle débouchant sur un diplôme en vue de ton éventuelle reconversion. Le contrat d'aspirant est de 2 ans si tu as moins de 17 ans, d'1 an si tu as moins de 18 ans.

Devenir professionnel

Tu as plus de chance que bien d'autres jeunes de ton âge car ta passion est devenue ton métier.

Le contrat professionnel

Tu es engagé comme joueur professionnel par un club ? Tu vas signer un contrat qui va mentionner tes droits et tes devoirs. Pour le premier contrat professionnel des apprentis aspirants ou stagiaires, la durée est fixée à 3 saisons. Un joueur de 20 ans au moins venant des rangs amateurs ou de l'étranger peut signer un contrat à durée libre.

Le joueur professionnel jouit du droit du travail en vigueur dans le pays dont dépend le club dans lequel il joue. Le joueur est à la disposition de son club et doit répondre à toutes les convocations qui lui sont adressées. Il est salarié et doit respecter le règlement interne de l'entreprise, c'est-à-dire du club.

Rémunération

Les joueurs professionnels perçoivent un salaire fixe et des primes de résultat. Ils peuvent aussi recevoir des gratifications lors d'occasions exceptionnelles (qualifications, victoire en coupe...). Ils bénéficient en outre d'autres avantages comme la mise à disposition d'un logement et d'une voiture.

Transferts

Le joueur professionnel peut être muté temporairement dans un autre club (1 an au maximum). Il fait également l'objet de transferts soit à l'issue de son contrat, soit en cours de contrat. Dans ce cas, le club acquéreur verse une somme importante au club vendeur en guise de résiliation du contrat. Le joueur et son agent perçoivent une commission sur le montant du transfert.

Des joueurs très entourés

En début de saison, la préparation physique est très intensive, puis elle s'adoucit au fur et à mesure que la saison avance. Et puis, il faut encore et toujours revoir les fondamentaux : tu devras exécuter tes gestes beaucoup plus vite et avec une opposition bien plus dense.

L'entraîneur organise des séances tactiques pointues : jeu en mouvement, coups de pied arrêtés, attaque et défense... Il effectue ses mises en place et essaie différents schémas tactiques. Tout cela lui servira pour la composition de l'équipe du match suivant.

Le corps d'un joueur professionnel est très sollicité. Les kinésithérapeutes prodiguent donc des soins réguliers, quasi quotidiens. Les petits bobos sont soignés, toute l'équipe médicale est au service des joueurs.

Le football est un sport tellement médiatisé que les joueurs sont très sollicités aussi bien à l'issue des entraînements, qu'avant ou après un match. Les clubs organisent parfois un tour de rôle qui désigne les joueurs chargés de rencontrer la presse. Il n'est pas toujours facile de parler à des journalistes. Certains s'en sortent mieux que d'autres. Mais cela fait désormais partie du métier.

Les déplacements

Durant la saison, 1 match sur 2 se déroule à l'extérieur, parfois à quelques kilomètres, mais souvent beaucoup plus loin.

Toujours en mouvement

Suivant l'importance de la rencontre, le déplacement s'effectue la veille ou le jour même : en car pour les distances courtes, en avion pour les longues distances. Les joueurs et les membres de l'équipe technique s'installent dans un hôtel pour s'y reposer et s'y restaurer avant le match. L'ensemble de l'équipe arrive au stade environ 2 heures avant le coup d'envoi, pour s'imprégner de l'atmosphère, juger de l'état du terrain (pour le choix des crampons), se mettre en tenue, puis participer à l'échauffement et prendre des repères. Le retour s'effectue le plus souvent le soir même, après la rencontre, mais il se peut que l'équipe passe la nuit à l'hôtel et ne rentre à sa base que le lendemain.

La couleur des maillots

Le déplacement est celui des joueurs mais aussi de l'intendance : ballons, bouteilles d'eau, tenues... L'équipe visiteuse informe généralement à l'avance le club qui reçoit de la couleur des maillots avec lesquels elle va s'aligner. En cas de maillots trop similaires, c'est elle qui doit changer de tenue.

Les mises au vert

Pour les matchs très importants comme une finale de Coupe de France mais aussi pour préparer une équipe en difficulté ou encore pour ressouder un groupe, l'entraîneur peut décider une mise au vert. Toute l'équipe rejoint alors un centre d'entraînement isolé pour deux ou plusieurs jours.

Les premières sélections

Attention, ce n'est pas parce que tu as été sélectionné chez les moins de 16 ans que tu te retrouveras un jour chez les A ! Le parcours est semé d'embûches, de tentations extérieures, de baisses de forme et de concurrents aux dents longues. Il est aussi arrivé qu'un joueur n'ayant jamais connu une sélection chez les jeunes soit appelé dans l'équipe senior et dispute même la Coupe du monde ! Tu peux porter ton premier maillot national dès l'âge de 15 ans.

Voici les différentes sélections nationales :

Garçons	Filles
moins de 16 ans moins de 17 ans moins de 18 ans moins de 19 ans 20 ans espoirs A	moins de 17 ans moins de 19 ans A

La fin de carrière

Attention, une carrière de footballeur est courte. Si tu as la chance d'être un jour professionnel, pense très tôt à assurer ton avenir. Passe des diplômes, assure ta reconversion dans un métier valorisant, dans le monde du football ou ailleurs. Ne dépense pas ton argent n'importe comment, investis-le intelligemment. Si tu veux rester dans ton univers, voici les reconversions possibles : arbitre, entraîneur, dirigeant, agent de joueur, agent commercial pour un club ou une firme d'articles de sport, journaliste.

Le club professionnel

En football, le club professionnel est une véritable entreprise dans laquelle plusieurs centaines de salariés peuvent travailler.

Un organigramme

Du président au gardien du stade, un club emploie de nombreux salariés dans chaque secteur de son activité. Autour des joueurs gravitent des spécialistes aux rôles précis. Chacun, dans son secteur, doit contribuer à la réussite de l'équipe.

Un service administratif

Le club doit respecter toutes les règles administratives et fiscales de son pays. Son service administratif doit tenir une comptabilité rigoureuse, gérer parfaitement les contrats des joueurs ainsi que leurs salaires. Il doit veiller à l'équilibre des recettes et des dépenses du club. Il est aussi le relais entre la Ligue professionnelle et le club pour l'établissement des licences et le respect des sanctions.

Un secteur sportif

C'est le secteur le plus connu du club, avec à sa tête le manager général. Il peut arriver que celui-ci soit aussi l'entraîneur de l'équipe première du club dont il prend en charge toute la politique sportive. Il est le chef de l'ensemble des entraîneurs. Pour l'équipe pro, il est assisté d'un adjoint et bien souvent d'un préparateur physique.

Président			
Directeur général			
Secteur administratif Directeur administratif Comptabilité Secrétariat	***Secteur sportif*** Manager général Entraîneur équipe pro Entraîneur adjoint Entraîneur équipe 2 Entraîneurs des jeunes	***Staff médical*** Médecin Kinésithérapeutes Ostéopathe Psychologue	***Antenne commerciale*** Directeur marketing Commerciaux Billetterie Droits dérivés
Secteur technique Directeur technique Matériel Équipement Stade Transports	***Service sécurité*** Directeur de la sécurité Inspecteurs Stadiers	***Centre de formation*** Directeur Responsable des sports Responsable de vie scolaire	***Cellule de recrutement***

Un staff médical

L'organisme des joueurs professionnels est très sollicité. Ils subissent des entraînements très intensifs et disputent des matchs tous les 3 jours. Ils ont donc besoin de soins fréquents et sérieux. Chaque club pro emploie à plein temps un ou plusieurs médecins, plusieurs kinésithérapeutes, un ostéopathe et parfois un psychologue.

Les clubs de supporters

S'ils ne sont pas intégrés au club, les supporters sont très présents dans la vie de celui-ci. Autour de chaque club gravitent ainsi plusieurs associations qui sont abonnées : elles soutiennent l'équipe, participent aux déplacements et animent les tribunes. Certaines sont également associées à des activités de clubs professionnels et participent activement à la sécurité dans les stades. Les joueurs les rencontrent aussi régulièrement.

Une cellule de recrutement

Chaque club emploie désormais un ou plusieurs recruteurs en charge de trouver les meilleurs joueurs possibles pour le club. Ils supervisent des footballeurs dans le monde entier. Ils dépendent à la fois de la direction sportive et de la direction administrative : un bon joueur est parfois trop cher pour le club !

Adresses utiles

Instances dirigeantes

Union européenne football association (UEFA)

Elle gère et développe le football à l'échelon continental.

46, route de Genève
CH-1260 Nyon 2 - Suisse
Tél. : +41 (0) 848 00 27 27
Site : fr.uefa.com

Fédération française de football (FFF)

Elle dirige le football français, les équipes nationales, l'arbitrage et le football amateur.

87, boulevard de Grenelle
75015 Paris Cedex 15
Tél. : 01 44 31 73 00
Site : fff.fr

Ligue de football professionnel (LFP)

Elle gère le football professionnel et ses compétitions.

6, rue Léo-Delibes - 75116 Paris
Tél. : 01 53 65 38 00
Site : lfp.fr

Centre technique national Fernand-Sastre

C'est le centre d'entraînement des équipes de France. C'est là aussi que tous les entraîneurs de haut niveau se forment et passent leurs examens.

Domaine de Montjoye
78120 Clairefontaine-en-Yvelines
Tél. : 01 34 84 50 19
Site : cnf-clairefontaine.com

Ligues régionales

Elles gèrent le football amateur en région. Elles peuvent renseigner sur les clubs et répondre à toutes les questions sportives et administratives : où trouver un club, comment prendre une licence...

Ligue d'Alsace de football
Rue Baden-Powell - Centre Sportif de Hautepierre
67082 Strasbourg Cedex
Tél. : 03 88 27 94 00
Site : lafa.fff.fr

Ligue Nouvelle-Aquitaine de football
102, rue d'Angoulême
16400 Puymoyen
Tél. : 05 45 61 83 90
Site : lfna.fff.fr

Ligue des Pays de la Loire de football
172, boulevard des Pas-Enchantés
BP 63507 - 44235 Saint-Sébastien-sur-Loire
Tél. : 02 40 80 70 77
Site : lfpl.fff.fr

Ligue Auvergne-Rhône-Alpes de football
350 b, avenue Jean-Jaurès
69007 Lyon
Tél. : 04 72 15 30 30
Site : laurafoot.fff.fr

Ligue de Normandie de football
25, avenue Nelson-Mandela
CS 95333 - 14053 Caen Cedex 4
Tél. : 02 30 32 03 03
Site : normandie.fff.fr

Ligue Bourgogne Franche-Comté de football
14F, rue Pierre-de-Coubertin
Parc Mirande - 21000 Dijon
Tél. : 09 70 80 93 27
Site : lbfc.fff.fr

Ligue Bretagne de football
29, rue de la Marebaudière
CS 96838 - Commune de Montgermont
35768 Saint Grégoire
Tél. : 02 99 35 44 61
Site : footbretagne.fff.fr

Ligue Centre-Val de Loire de football
13, rue Paul-Langevin
CS 10001 - 45063 Orléans Cedex 2
Tél. : 02 38 69 73 00
Site : foot-centre.fff.fr

Ligue du Grand Est de football
Domaine de la Talintey
1 rue de la Grande Douve - 54250 Champigneulles
Tél. : 03 83 91 80 00
Site : lgef.fff.fr

Ligue Corse de football - Lega corsa di ballò
Parc technologique de Bastia
20601 Bastia
Tél. : 04 95 30 14 90
Site : corse.fff.fr

Ligue guadeloupéenne de football
51, rue de la Ville d'Orly - Bergevin
Zone des Petites Industries - 97110 Pointe-à-Pitre
Tél. : 05 90 21 28 88
Site : liguefoot-guadeloupe.fff.fr

Ligue de Guyane de football
BP 765 - 97322 Cayenne Cedex
Tél. : 05 94 28 91 55
Site : guyane-foot.fff.fr

Ligue d'Occitanie de football
615, avenue Docteur-Jacques-Fourcade
BP 95140 - 34073 Montpellier Cedex 3
Tél. : 04 67 15 95 30
Site : occitanie.fff.fr

Ligue de football de Martinique
2, rue Saint-John-Perse
Morne Tartenson - BP 307
97200 Fort-de-France
Tél. : 05 96 72 89 89
Site : liguefoot-martinique.fff.fr

Ligue mahoraise de football
Maison des Associations et de la Jeunesse
Rue du stade Cavani - BP 259
97600 Mamoudzou – Mayotte
Tél. : 02 69 80 75 67 / 02 69 80 75 68
Site : mayotte.fff.fr

Ligue Méditerranée de football
Europole de l'Arbois
390, rue Denis Papin - CS 40461
13592 Aix-en-Provence Cedex 3
Tél. : 04 42 90 17 80
Site : mediterranee.fff.fr

Ligue des Hauts-de-France de football
47, avenue du Pont-de-Bois - CS 20363
59666 Villeneuve d'Ascq Cedex
Tél. : 03 59 08 59 62
Site : lfhf.fff.fr

Ligue de Paris Île-de-France de football
5, place de Valois - 75041 Paris Cedex 01
Tél. : 01 42 44 12 12
Site : paris-idf.fff.fr

Ligue réunionnaise de football
Maison régionale des sports
18, route Philibert-Tsiranana
97490 Sainte-Clotilde
Tél. : 02 62 90 19 49
Site : liguefoot-reunion.fff.fr

Musée

Le musée national du sport
Boulevard des Jardiniers
Stade Allianz Riviera - CS 43152
06203 Nice Cedex 3
Tél. : 04 89 22 44 00
Site : museedusport.fr

Ministère

Ministère de l'Éducation nationale et de la jeunesse
Pour connaître les collèges et lycées des Pôles espoir accueillant les sections football.

110, rue de Grenelle - 75357 Paris SP 07
Tél. : 01 55 55 10 10
Site : education.gouv.fr

Organisme de formation

Onisep
Organisme qui présente toutes les formations à chaque étape des études. Consultez son site Internet pour connaître les filières des métiers du football et les références de toutes les agences régionales.

Site : onisep.fr

Nos équipes ont vérifié le contenu des sites internet mentionnés dans cet ouvrage au moment de sa réalisation et ne pourront être tenues pour responsables des changements de contenu intervenant après la parution du livre.

Glossaire

Arbitre : ils sont au nombre de 4, l'arbitre de champ, ses 2 assistants et le quatrième arbitre. Ils doivent faire respecter les règles du jeu pendant les rencontres, aussi bien sur l'aire de jeu que du côté des bancs des remplaçants.

Arrêts : actions du gardien de but lorsqu'il s'empare du ballon ou l'éloigne de ses buts, comme les blocages, les claquettes, les dégagements du poing.

Ballon d'or : chaque année, des journalistes de tous les pays élisent le meilleur footballeur de la saison. Le vainqueur de cette élection se voit décerner le Ballon d'or du football mondial. C'est une récompense très convoitée.

But : action du ballon qui dépasse entièrement la ligne de but entre les poteaux de buts et sous la barre transversale. Au pluriel, les buts sont constitués de 2 poteaux verticaux et d'une barre horizontale.

Cartons : les arbitres brandissent un carton jaune lorsqu'ils donnent un avertissement et un carton rouge lorsqu'ils expulsent un joueur. On dit aussi d'une équipe qui a battu son adversaire par un gros score qu'elle a réalisé un carton.

Club : pour jouer officiellement au football et dès son plus jeune âge, il faut appartenir à un club en signant une licence. Le club gère l'ensemble de ses équipes, leurs équipements, leur matériel et leurs ballons. Il inscrit ses équipes aux compétitions départementales, régionales, nationales ou européennes selon leur niveau.

Doper (se) : améliorer les performances de son corps par l'absorption de produits chimiques. Cela est interdit. Des contrôles antidopage sont organisés à la fin des matchs. Ceux qui transgressent l'interdit peuvent être punis de plusieurs années de suspension.

Entraînement : phases de préparation pendant lesquelles, sous la houlette des entraîneurs, les joueurs entretiennent leur condition physique, travaillent leur technique individuelle et étudient des schémas tactiques.

FIFA (Fédération internationale football association) : organisme qui gère le football mondial. Non seulement elle organise les compétitions telles que la Coupe du monde mais elle est aussi le garant des lois officielles du jeu.

Hors-jeu : règle la plus controversée du football moderne. Il est effectivement très difficile pour l'arbitre assistant de constater la position exacte de l'attaquant au moment où son partenaire lui expédie le ballon. Il faut accepter la décision arbitrale même si la télévision et son ralenti ont un avis contraire.

Joueur de champ : une équipe de football est composée de 10 joueurs de champ, occupant des postes en attaque, au milieu du terrain et en défense, et d'1 gardien de but.

Lois du jeu : ce sont les 17 règles qui régissent le football dans le monde entier. Elles sont en constante évolution.

Maillot : chaque club possède des couleurs bien distinctives. Chacune de ses équipes doit aussi disposer de maillots différents au cas où elle rencontrerait une équipe qui arborerait les mêmes couleurs. Les clubs professionnels, eux, disposent de plusieurs jeux de maillots de couleurs différentes pour des raisons essentiellement marchandes.

Passe : action de donner un ballon à un partenaire. On peut faire des passes avec toutes les surfaces du pied mais aussi avec la poitrine ou la tête. Elle doit être précise et bien dosée.

Professionnel : un joueur professionnel est un joueur dont la passion, le football, est devenue son métier et qui est payé pour y jouer.

Respect : il n'existe pas de compétition correcte sans que le respect soit présent dans les tribunes, dans les vestiaires et sur le stade. Un bon footballeur doit respecter ses partenaires, ses adversaires, les arbitres, le matériel et les spectateurs. Ceux-ci peuvent juger et même critiquer leur équipe mais ils doivent respecter les joueurs, leur identité et leur couleur de peau !

Sorties : actions du gardien de but qui vient au-devant du ou des attaquant(s) pour contrarier leur action offensive. Elles peuvent être aériennes ou au sol.

Surface de réparation : surface rectangulaire qui se situe devant chaque but et dans laquelle toute infraction aux lois du jeu méritant un coup franc direct est sanctionnée d'un penalty. Il n'y a que dans cette surface que le gardien de but peut manier le ballon avec les mains.

Tactique : stratégie collective qui met en situation les joueurs, pour attaquer ou défendre sur un terrain. De la tactique mise en place par l'entraîneur dépendent, par exemple, le positionnement des joueurs et le nombre d'attaquants.

Technique : elle est constituée des gestes fondamentaux du footballeur dans sa relation avec le ballon. Les contrôles, les passes, les dribbles, la conduite du ballon, le jeu de tête et les tirs constituent les gestes techniques du joueur de champ.

Tir : il existe de multiples façons de tirer au but, avec le coup-de-pied, le talon, la tête, en effectuant une reprise de volée, un lob ou encore un retourné.

Tirage : le tirage de maillot est devenu le fléau du football moderne. Le défenseur dépassé emploie trop souvent ce moyen illégal pour empêcher son adversaire de se mouvoir normalement.

Touche : ligne bordant le terrain de jeu de chaque côté dans le sens de la longueur. Une touche signifie aussi l'action du ballon qui sort du terrain de jeu en dépassant entièrement la ligne de touche. La rentrée de touche est l'action qui consiste à remettre le ballon en jeu depuis le bord de touche.

Transferts : lors de la trêve estivale (entre 2 saisons) ou lors de la trêve hivernale (à mi-saison), des joueurs sont l'objet de transferts d'un club à un autre. La plupart de ces transferts sont effectués en contrepartie d'importantes sommes d'argent payées par les clubs achetant. Le joueur concerné et son agent touchent une commission sur le transfert.

UEFA (Union européenne football association) : organisme de tutelle du football européen. Il organise toutes les compétions se disputant sur le continent européen. Son siège est à Nyon, en Suisse.

Vainqueur : le match de football est gagné par l'équipe qui marque le plus de buts. En cas d'égalité, des prolongations doivent permettre de désigner un vainqueur lors des rencontres de coupe.
Si à l'issue de celles-ci, le score est toujours nul, l'arbitre fait procéder à la séance de tirs au but.
Après une première série de 5 tirs, si le score est toujours nul, on continue les tirs jusqu'à ce qu'une équipe en rate un !

VAR : L'assistance vidéo à l'arbitrage (VAR), utilisée pour assister l'arbitre central dans des décisions difficiles.

Index

E

F

G

H

I

J

K

L

M

N

O

P

Q

R

S

T

U

V

W

Y

Z

Crédit des illustrations et des photographies

Couverture

Illustrations et photographies sont numérotées de haut en bas.
Illustrations de Benjamin Flouw (ballon en p. 1), Laurent Audouin (pour les enfants), Vincent Desplanche (4g.5, 4g.7).
Photographies de Jokyball parisien (1.1), Pressesports (1.2, 1.5, 4g.4), P. Gripe/Pressesports (1.3), B. Garcia (4g.1, 4g.6, 4g.8), asiseeit/iStock (1.4), Luttiau/L'Équipe (4g.2), S. Lion/Pressesports (4g.3), S. Mantey/Pressesports (4d.1), F. Fauchere/Pressesports (4d.2), Rondeau/Pressesports (4d.3).

Photographies

Bernard Garcia
P. 89 (chaussures), 104-105, 106-107, 108-109, 110-111, 116, 118-119, 124-125, 129, 130-131, 132-133, 134, 138-139, 140-141, 143, 144, 146-147, 148-149, 160-161, 162-163, 165, 166-167, 170-171, 174-175, 178, 181, 184, 200, 216-217, 218 (m, b), 219, 228.

DPA/Photononstop
P. 19 (h, b), 20 (h), 21 (h), 22 (m), 24 (h), 26 (h), 33 (h), 34 (b), 37 (h), 41 (b), 44 (h), 45 (b), 49 (h), 50 (h, b), 63 (h, m), 65 (h), 66 (h), 67 (h), 69 (h), 71 (b), 72 (h), 79 (h, m, b), 93 (g), 101 (b), 122, 180, 195 (h), 204.

Getty : p. 32 (h) Ullstein bild.

iStock : p. 102-103 asiseeit.

Jorkyball parisien : p. 210 (mg), 211 (h, b).

Photononstop
P. 12 (h, b) Mary Evans Picture Library; p. 206-207 Fotosearch.

Pressesports
P. 4-5 Marc Atkins/Offside; p. 8-9 Martin; p. 10 L'Équipe; p. 13 Coll. Lionel Laget; p. 14 (bg) Argenpress, (bd) Pochat; p. 15 (h) Papon, (b) Fablet; p. 16 (h) Delorme, (m) Mantey, (b) Bruno Charoy; p. 17 (h) Rondeau, (b) De Martignac; p. 18 (h) Alain Mounic, (b) Stacpolle/Offside; p. 20 (b) Stéphane Reix; p. 21 (b) Alex Martin; p. 22 (h) Prevost/L'Équipe; p. 23 (h) De Martignac, (b) Rondeau; p. 24 (b) Lahalle; p. 24-25 P. Lahalle; p. 25 (b) Dominique Vautrin; p. 26 (b) Pics United; p. 27 (h) Fablet ; p. 27 (b) l'Équipe ; p. 29 (b) Fablet; p. 28-29 Alain Mounic; p. 30 Simon Stacpoole/Offside; p. 31 Deschamps/L'Équipe; p. 32 (h) Greg M. Cooper/US Presswire, (b) Richiarni; p. 33 (b) Richiarni; p. 34 (h) José Luis Cuesta/Cordon; p. 35 (h) Rondeau, (b) Pics United; p. 36 (h) Pics United, (b) UweSpeck/Witters; p. 37 (b) Valeria Witters/Witters; p. 38 (h) Pichon/L'Équipe, (m) Marc Atkins/Offside, (b) Rondeau/L'Équipe; p. 39 (h) Martin, (m) Minier, (b) Lecoq; p. 40 (h) Mantey/L'Équipe, (b) Olivier Douliery; p. 41 (h) Simon Stacpoole/Offside; p. 42 (h) Alain Mounic, (bg) Didier Fevre/L'Équipe, (bd) Bernard Papon; p. 43 (h) Sébastien Boue/L'Équipe, (b) Pichon; p. 44 (b) L'Équipe; p. 45 (h) De Martignac, (m) Martin/L'Équipe; p. 46-47 Luttiau/L'Équipe; p. 48-49 Lefty Shivambu/Gallo images; p. 49 (b) Valeria Witters/Witters; p. 51 (h) Deschamps, (m) L'Équipe, (b) Fevre/L'Équipe; p. 52 (h) Gabriel Piko/Piko, (b) Pics United; p. 53 (h) Fel, (m) Mao, (b) Alain Grosclaude/L'Équipe; p. 54 (h) Iko/Argenpress; p. 55 (h) Mauro Horita/ AGIF, (b) Bertrand Mahe/L'Équipe; p. 56-57 L'Équipe; p. 58 Martin; p. 59 Fond Excelsior; p. 60 (h) Lionel Laget, (b) Fond Excelsior; p. 61 Ivo Felsineo/IPP; p. 62 (h, b) Fonds parisien, (m) L'Équipe; p. 63 (b) L'Équipe; p. 64 (h, m) Lecoq, (bg) Fonds parisien, (bd) L'Équipe; p. 65 (bg) L'Équipe; p. 65 (bd); p. 66 (m) L'Équipe; p. 66 (b); p. 67 (m) L'Équipe; p. 68 (h, m, b) L'Équipe; p. 69 (b) L'Équipe; p. 70 (h, m) Boutroux/ Legros/Pichon, (b) Lecoq; p. 71 (h) Landrain, (m) Pichon; p. 72 (m) Lecoq, (b) De Martignac; p. 73 (h) Boutroux, (b) Martin; p. 74 (h) Boutroux, (mg) Fevre, (md) De Martignac; p. 75 (h) De Martignac, (b) Richardi Foto; p. 76 (h) Bob van den Guijsem/Pics United, (m) Richiardi Foto, (bg) Martin, (bd) Piko Argenpress; p. 77 (h) Fel, (bg) Sportphoto agency/Pics United, (bd) Edwin Van Zandvoort/ Pics United; p. 78 (h) Gabriel Piko/Piko, (m) Cezaro/EXPA, (b) Shajor/Piko; p. 80 (h) Michael Chow/USA Today Sports, (b) Erich Schlegel/USA Today sports; p. 81 (h) Laurent Argueyrolles, (b) Stéphane Mantey; p. 82-83 Alexis Reau; p. 84 Fevre; p. 85 (h) Lahalle, (b) Luttiau; p. 86 Fred Mons; p. 87 Boutroux; p. 88 (h) Martin, (b) Luttiau; p. 90 Mantey; p. 91 Patrick Gripe; p. 92 (h) Boutroux, (b) Lahalle; p. 93 (d) Rondeau; p. 94 Matthias Hangst/Witters; p. 95 Jean-Yves Ruszniewski; p. 96 (h, b) Lahalle; p. 97 (h) Mao, (b) Martin; p. 98 (h) Fel, (b) Lahalle/L'Équipe; p. 99 Lahalle; p. 100 Glyn Thomas; p. 101 (h) Romain Perrocheau; p. 114-115 Sam Lion; p. 123 Papon/L'équipe; p. 128 Boutroux; p. 136-137 Mark Leech/Offside; p. 151 Mantey; p. 154 Martin; p. 155 Cordon Press/Enric Fontcuberta; p. 158-159 Franck Faugere; p. 185 Alexis Reau; p. 186 Sam Lion; p. 187 Lahalle; p. 188-189 Simon Stacpoole/Offside; p. 190 Mounic; p. 191 (hg) Lecoq, (hd) Boutroux, (mhg, mbg) L'Équipe, (mhd) Landrain, (mbd, bg)Lahalle, (bd) Nataf; p. 192 (h) Fonds Parisien, (b) Fevre; p. 193, p. 194 Papon; p. 195 (b) Roy Beardsworth/Offside; p. 196 (h) Lahalle, (bg) Felix Golesi, (bd) L'Équipe/

Mons ; p. 197 (hd) Lahalle, (mg) Luttiau, (bd) AS/Cordon ; p. 202 Lahalle ; p. 208 (h) Nataf ; p. 208 (b), p. 209 (h, b) Lahalle ; p. 209 (m) Nataf ; p. 212 (h, b), p. 213 (h, b) Caron ; p. 214, p. 215 (h, b) Gilles Favier ; p. 218 (h) Boutroux ; p. 225 Corinne Dubreuil ; p. 226 De Martignac ; p. 229 Landrain ; p. 230 Ludovic Careme ; p. 231 Lahalle ; p. 232 Alex Martin ; p. 233 Mounic.

D.R : p. 210 (b).

Illustrations

Les illustrations sont de **Laurent Audoin** sauf **Benjamin Flouw** (pour le ballon en p.1) et :

Vincent Desplanche
P. 84-85, p. 86-87, p. 93, p. 95, p. 98, p. 107, p. 117, p. 122-123, p. 125, p. 128-129, p. 134-135, p. 139, p. 142-143, p. 145, p. 147, p. 150-151, p. 154-155, p. 162, p. 170-171, p. 174-175, p. 178-179, p. 180-181, p. 184-185, p. 186-187, p. 193, p. 198 (hd, m, b), p. 199, p. 200, p. 201 (hd, m, b), p. 202 (b), p. 203, p. 204-205.

Jean-Pierre Joblin
P. 14-15.

À lire aussi chez Milan

Malgré tout le soin apporté à cet ouvrage, des erreurs ont pu se glisser dans ses pages. Nous apprécierions que des lecteurs nous en fassent part pour que nous les corrigions avant une prochaine réédition.